소그룹을 더욱 단단하게 세울 **10가지** 제안

장 이 규 지음

더, 리더십
● 소그룹을 더욱 단단하게 세울 **10가지** 제안

초판 1쇄 인쇄 2023년 10월 11일
초판 1쇄 발행 2023년 10월 18일

지은이 장이규
펴낸이 박동찬
편집인 지광식
펴낸곳 CMI
감　수 박동찬

등록 제300-2014-155호
주소 03186 서울특별시 종로구 세종대로 149 감리회관 13층
전화 (02)399_3959 (대표)
팩스 (02)399_3940
홈페이지 www.cmi.ne.kr

기획편집 김종석
디자인 하늘공작소(02_416_3076)

ⓒ 속회연구원
ISBN 979-11-89808-03-7

- 이 책은 저작권법에 따라 보호받는 저작물이므로 무단전재와 무단복제를 금지하며, 이 책의 전부 또는 일부를 이용하려면 도서출판 CMI의 서면 동의를 받아야 합니다.
- 잘못된 책은 구입한 서점에서 교환하여 드립니다.

CMI 속회매뉴얼 _ **리더 1**

소그룹을
더욱 단단하게 세울
10가지 제안

발간사

가을 분위기가 곡식들과 함께 익어가고 있습니다. 우리들의 목회 열매도 잘 무르익어갔으면 합니다.

부족한 사람이 지난 해에 속회연구원 원장직을 맡았고, 올 10월 상임이사회를 열면 임기를 마치게 됩니다. 임기 동안 많은 일들이 있었지만 특별히 속회연구원(CMI) 이름으로 좋은 책을 한 권 출간했으면 하는 소원이 있었습니다. 그렇게 책을 집필해 줄 전문가를 물색하던 중 속회연구원 상임이사로 섬기고 계시는 장이규 목사님을 생각하게 되었습니다. 하나님께서 주신 생각이라 믿습니다. 장이규 목사님께서 쾌히 승낙해 주시고 『더, 리더십』이라는 원고를 주셨습니다. 속회연구원 이사 세미나에서 뵙는 목사님은 늘 감동이었는데, 글을 통해서도 다시 감동을 주시는군요!

저자는 서문에서 "기업이 건강하고 번창하기 위해서는 각 부서마다 역동적이고 활기를 띠어야 한다. 교회도 마찬가지다. 교회가 건강하고 부흥하는 영적 공동체가 되기 위해서는 교회를 구성하는 세포인 소그룹이 활성화되어야 한다."라고 말합니다.

그러면서 소그룹 활성화 방안으로 10가지를 제안합니다. "소그룹 방향성을 제시하라. 비전을 만들어라. 비전을 공유하라. 역동적 소그룹 인도 전략을 세우라. 균형 잡힌 영성과 영적 멘토링을 하라. 나눔을 잘 이끌어라. 영적인 변화를 이끌라. 변증 소그룹을 시작하라. 소그룹 갈등을 잘 해결하라. 소그룹 수양회를 가지라." 그리고 구체적으로 방법을 제시하고 있습니다. 소그룹(속회)의 중요성은 우리 모두가 잘 알고 있습니다. 코로나 19 사태 이후 크게 흔들린 교회 보존, 다시 세우기, 성장, 모든 해답이 소그룹 활성화입니다.

많은 분들이 이 책을 함께 나누어 목회에 도움이 되기를 소원합니다. 그리고 속회연구원을 격려해 주시고 도움을 주신 모든 분들께도 감사드립니다. 아울러 이 책을 집필해 주신 장이규 목사님과 감수로 수고해 주신 속회연구원 박동찬 이사장님 또한 기획과 편집으로 수고하신 속회연구원 상임연구실장 김종석 목사님께도 감사의 마음을 전합니다.

2023년 10월 9일
속회연구원장
지광식 목사

추천사

　코로나 팬데믹 이후 목회상황이 달라졌다고 말합니다. 그런데 코로나 팬데믹 같은 전염병의 상황을 처음 맞이한 것일까요? 그렇지 않습니다. 초대교회 시대에 역병이 돌아서 로마 제국에서 전체 인구의 1/4 또는 1/3이 목숨을 잃게 된 소위 안토니우스 역병(165-180), 로마에서 하루에 5천 명이 죽고 알렉산드리아 인구의 2/3가 죽었던 키프리아누스 역병(249-262), 1347년부터 2년 반 사이에 2천5백만 명이 죽은 대역병 시기나 그 이후에도 약 300년 주기로 유럽에 돌았던 흑사병 상황도 있었습니다. 상황은 언제나 변합니다.

　목회는 상황에 밀려가거나 매몰되어서는 안 됩니다. 코로나 팬데믹의 상황에서도 건강한 모습을 잃지 않은 교회들이 있었습니다. 소그룹이 활성화된 교회들입니다. 물리적 접촉이 줄어들지만 상호보호하는 것을 매우 중요시하는 사회, 빠르게 의사결정을 하고 효과적으로 빠르게 시행하는 것이 매우 중요해지는 사회, SNS의 발달로 소통이 원활할 것 같지만 진정한 교류가 되지 않고 채워지지 않는 욕구로 인해 모임이 더 그리워지는 사회로의 전환이 코로나 팬데믹으로 더 가속화되었습니다. 소그룹이 이런 사회 속에서 큰 영향력을 가질 수 있다는 것이 증명이 되었습니다.

성경은 그리스도와 함께 죽고 살아난 그 사람들을 교회라고 말합니다(고전1:2). 모인 사람들이 이미 성전이고(고전3:16), 주 안에서 성전이 되어 간다(엡2:21)고 말합니다. 교회를 교회답게 하기 위해 성도들은 온전케 하며, 봉사의 일을 하게 하며, 그리스도의 몸을 세우려고 은사를 따라 사람을 세우는 것이라고 가르쳐 줍니다(엡4:12). 결국 교회를 교회답게 하는 것은 서로를 이해하며, 서로를 세워주는 것입니다. 많은 사람들이 모인 자리에서는 실제적인 관계를 맺기 어렵습니다. 반면 소그룹은 서로 나누면서 친밀한 관계 형성을 도와 소속감을 갖게 하고, 서로를 반영하여 삶의 성숙과 성장을 이끕니다. 소그룹의 중요성은 아무리 강조해도 지나침이 없습니다. 존 웨슬리의 감리교 운동의 특징이 바로 소그룹(속회)이었습니다.

단지 작은 수가 모였다고 건강한 소그룹이 될 수 있을까요? 리더가 중요합니다. 건강한 소그룹은 문제를 대면하게 하여 서로 선한 영향을 끼치도록 합니다. 리더는 바로 이런 긍정적인 역동이 계속 이루어지도록 하는 촉진자가 되어야 합니다.

이번에 출간된 『더, 리더십』은 소그룹 리더를 위한 실제적인 제안을 해주는 책입니다. 소그룹 리더를 어떻게 세울지 고민하는 교회들에게 한여름 무더위를 날려버리는 얼음냉수와 같은 시원함을 주는 책입니다. 소그룹 사역으로 특화된 윌로우크릭 커뮤니티 교회에서 소그룹의 가장 밑바닥에서부터 그룹의 리더로,

리더의 리더인 코치로, 수많은 소그룹을 개척하여 건강하게 세운 사역자, 이론과 실제를 갖춘 장이규 목사님을 통해 귀한 책이 나오게 되어 감사하고 축하드립니다. 이 책을 발간한 속회연구원(CMI) 박동찬 이사장님, 지광식 원장님을 비롯한 이사들에게 감사를 드립니다. 기획하고 수고한 속회연구원 상임연구실장 김종석 목사님께 특별한 감사를 전하고 싶습니다. 한국교회를 위해 크게 쓰임을 받는 책이 되기를 기대하며 기도드립니다.

기독교대한감리회 감독회장
이 철 목사

추천사

'강연 20년, 인생 50년' 1만 회 강연, 유튜브 구독자 100만명, 소통 강연계 슈퍼스타 김창옥은 말한다. "행복을 안내하는 건 자신 있지만 정작 자신은 행복하지 않다. 내가 말하는 대로 해라, 그러나 내가 사는 것처럼 살지는 마라."

'나를 따라오너라.'하신 예수님은 소수정예 12명의 제자를 세우는 일에 공생애 3년 전부를 바치셨다. 예수님의 가르침에 가장 충실했던 사도 바울은 '네가 많은 증인 앞에서 내게 들은 바를 충성된 사람들에게 부탁하라. 그들이 또 다른 사람을 가르칠 수 있으리라(딤후2:2)'하였다.

장이규 목사님은 교회에서 소그룹의 중요성을 알고 배우며 훈련받았고 목회현장에서 실천에 헌신해 왔다. 이제 소그룹을 건강하게 세우는 진액과 같은 원리와 실제를 담은 책을 내놓았다. 모래알처럼 모였다가 흩어지는 사람들을 '친히 모퉁이 돌이 되신 그리스도 예수 안에서 서로 연결하여 하나님이 거하실 처소가 되기 위하여 함께 지어져가는 성전(엡2:20-22)'으로 세워가는 소그룹 리더의 성공적인 지침이 되기를 바란다.

종교교회 원로목사
최 이 우

추천사

팬데믹 이후로 한국교회의 목회 기상도는 밝지 못하다. 허나 팬데믹 전후로 소그룹 목회를 해온 교회는 흔들리지 않았다는 보고가 있다(한국 교회 트렌드 2023, 규장). 이런 차제에 속회연구원에서 소그룹 활성 방안인 『더, 리더십』이란 책을 기획한 것은 시기적절한 일이라 할 수 있다.

저자인 장이규 목사는 2007년 속회(소그룹) 회복을 염원하는 분들이 감리교 본부 교육국과 함께 속회연구원(CMI)을 만들었을 때 처음부터 마음을 모아준 분이다. 그는 시카고 유학 중 빌 하이빌스의 윌로우크릭 커뮤니티 교회 안의 다국적 그룹과 한인 그룹에서 6년간 소그룹 코치로 섬기며, 경험하였다. 그 경험을 토대로 속회연구원의 발전에 큰 도움을 주었고 방향을 정하는 데도 영향을 끼쳤다. 이번에 그가 목회현장에서 소그룹(속회)을 역동적으로 만드는 방안을 모은 제안을 10가지로 모아 속회연구원에서 출간하게 된 것을 기뻐한다. 특별히 교회 안에 구성원들이 관계의 깨어짐으로 아파하고 관계의 불통으로 신음하는 갈등 목회를 극복하고 관계의 역동성으로 나아가 건강한 목회를 지향하려는 이들에게 본 책 『더, 리더십』을 두 손 모아 추천한다.

전 기독교대한감리회 경기연회 감독

김 철 한 목사

추천사

　사랑하고 존경하는 장이규 목사님이 글을 썼다며 내게 보내주었을 때 매우 기쁘고 감사한 마음으로 단숨에 읽어보면서 바로 이거지, 무릎을 쳤다. 소그룹에 대한 연구물들이 많이 있지만, 세계적으로 소그룹에 관한 한 가장 유명한 윌로우크릭 커뮤니티교회에서 소그룹 리더로 시작하여 코치로 6년간 경험했던 내용과 한국에 돌아와 속회연구원 초기부터 함께 하며 웨슬리 속회에 대한 탄탄한 이론과 실제 목회를 통해 숙성된 내용들을 이 작은 책자에 담아낸 것은 그동안 길잡이를 기다리던 이들에게는 단비 같은 소식이 아닐 수 없다.

　무엇보다 소중한 것은 단지 개론서가 아닌 목회 현장에서 적용하고 검증된 내용들이 담겨있어 코로나 팬데믹 이후 무너진 소그룹(속회)을 다시 세우는 데 아주 유용한 안내서라는 것이다. 이 책이 탁월한 것은 저자가 워밍업2에서 "소그룹이 해답이다"라고 내세운 명제는 모든 논쟁의 결론이 될 것이고, 또한 설득 전략(strategy)들을 모형으로 만들어 이해하기 쉽게 제시한 것과 각 장마다 서두에 간결하게 정리하여 제시함으로 한 번만 읽어도 손에 잡히도록 한 것은 매우 뛰어난 부분이다. 이 책을 속회연구원(CMI) 이름으로 출판하게 된 것을 감사하게 생각하며 한국교회 전체에 크게 기여하게 되기를 소망한다.

전 기독교대한감리회 호남특별연회 감독

박용호 목사

서문

　　기업이 건강하고 번창하기 위해서는 각 부서마다 역동적(dynamic)이고 활기(active)를 띠어야 한다. 교회도 마찬가지이다. 교회가 건강하고 부흥하는 영적 공동체가 되기 위해서는 교회를 구성하는 세포인 소그룹이 활성화되어야 한다. 그러기 위해서는 반드시 소그룹 리더가 역동적이어야 한다. 왜 그런가? 역동성이란 다이너마이트처럼 폭발하는 능력인 동시에 내적 치유의 능력이기 때문이다. 소그룹 리더의 역동적 리더십은 교회의 건강과 부흥에 더 없이 중요한 것이다.

　　이 책의 초점은 바로 여기에 있다. 소그룹을 처음 시작하고자 하는 사람, 자신의 소그룹을 역동적으로 움직일 리더십을 개발하려는 사람, 특별히 소그룹 리더를 양육하고 훈련하기 위한 전략적 커리큘럼을 찾고 있는 코치나 사역자들을 위해, 역동적 리더를 양육하는 귀한 영적 통찰력을 주고자 기획되었다.

필자가 소그룹에 관심을 갖고 사역을 시작한 것은 2004년부터이다. 하나님의 은혜로 해군, 해병대 군목으로 장병 복음화 사역을 잘 마친 후 미국 워싱턴 D.C로 유학을 떠났다. 그곳에서 석사, 박사 과정을 수학하면서 이민교회에서 사역을 감당했다. 이민교회에서는 사역팀 리더들을 양육하기 위한 프로그램을 만들어 약 27명의 평신도 리더들을 선발했고, 그들 스스로 계획하고 실행하고 평가하고 재생산할 수 있게 하여 평신도와 목회자가 함께 사역하는 팀 목회를 훈련받았다.

이후 시카고로 옮겨 학업을 계속하게 되면서 마음의 소원이 하나 생겼다. 당시(지금도 마찬가지지만) 세계적으로 유명했던 윌로우크릭 커뮤니티 교회에서 목회를 배우고 싶었다. 그런데 감사하게도 정말 윌로우크릭 커뮤니티 교회를 섬길 수 있는 기회가 생겼다. 윌로우크릭 커뮤니티 교회는 소그룹 사역으로 특화된 교회이다. 나는 이곳에서 소그룹 리더로 시작해 코치가 되었다. 정말 열심히 배우고 섬겼다. 처음에는 다국적 언어로 구성된 소그룹(international small group) 리더로 시작했는데, 어쩌다 보니 한인 소그룹(Korean small group)을 개척하게 되었다. 2명으로 시작한 한인 소그룹은 2년 만에 50명이 모이는 공동체로 성장했다. 놀라운 역사였다. 이후 나는 50명 가운데 5명을 세워 리더로 양육했고, 이후 소그룹 리더들을 양육하고 돌보는 코치(small group coach)가 되어서 4년간을 섬겼다.

더 나아가 미국 유학생 복음주의 운동인 코스타(KOSTA)에서 간사와 강사로 섬기면서 당시 1년에 한 번 모였던 전체 집회 중심이자 대그룹(large group) 중심이었던 미국 코스타를 소그룹(small group) 중심의 코스타로 전환하는데 기여할 수 있었다. 코스타에 참여한 1,600명을 섬기기 위해 160명을 리더로 훈련시켰고, 10명씩 그룹으로 모임을 진행할 수 있도록 하였다.

한국으로 돌아와서는 기독교대한감리회 본부 산하에 있는 속회연구원(CMI, Class Meeting Institute of KMC)에서 이사로 섬기면서 소그룹(속회) 운동을 이어가게 되었다. 이 과정에서 속회연구원 이사장님과 원장님의 권유로 그동안 미루어왔던 집필(執筆) 사역을 정리할 수 있게 되었다. 돌아보면 모든 것이 하나님의 은혜였다. 군목 생활과 유학, 윌로우크릭 커뮤니티 교회 사역과 코스타 학생 복음주의 운동 등 모든 사역 속에서 소그룹의 중요성과 운영 원리, 리더를 양육하는 커리큘럼 등 하나님은 나에게 세밀하게 소그룹 목회의 중요성을 가르쳐 주시고, 훈련시켜 주셨다. 감사드릴 뿐이다.

이 책의 워밍업1에서는 소그룹의 중요성을 언급하면서 이

시대에 선교와 영적 성장을 위해 최적화된 도구가 소그룹이라는 점에 집중했다. 워밍업2에서는 소그룹이 다음 세대 복음화 전략임과 동시에 급변하는 시대적인 요청에 복음으로 가장 적절하게 응답할 수 있는 해답임을 정리했다. 1장에서는 소그룹을 시작하는 리더들을 위해 소그룹이 나아갈 방향과 목표가 무엇인지 소그룹목회(small group ministry)를 위한 나침판을 제시하였다. 더 나아가 현재 소그룹을 이끌고 있는 리더들을 위해서 2장에서는 역동적인 소그룹을 만드는 비전 창조 원리(vision making)를, 3장에서는 리더가 세운 비전을 공동체에 어떻게 전달하고 설득할 수 있는지 그리고 리더의 비전을 따라 공동체가 나아가게 하는 소그룹 비전 공유 전략 (vision casting strategy)에 대해서, 4장에서는 소그룹을 역동적으로 인도하는 실행적 기술(practical skill)을 제안했다. 5장, 6장, 7장에서는 그룹원들의 영적 성숙 개발 전략에 초점을 두고, 신앙과 삶의 균형 잡힌 영성을 세우기 위한 소그룹 영적 멘토링 기술과 삶을 변화시키는 말씀 나눔 기술을 제시했다. 8장에서는 차기 리더 양육에 관심을 가진 리더들을 위해 복음을 변호할 뿐 아니라 전할 수 있는 변증 리더십 개발과 커리큘럼을 제시했다. 9장과 10장에서는 균형잡힌 성숙한 영성과 건강한 공동체 창조를 위한 성경적 갈등 해결의 원리와 그룹원들의 팀워크를 개발할 수 있는 전략을 제시함으로, 교회에서 한층 더 성숙해진 역동적 소그룹 리더십 개발과 훈련을 할 수 있는 아이디어를 제시했다.

부족하지만 이 책이 소그룹 교회의 미래와 역동적 소그룹 리더십에 관심이 있는 모든 독자들에게 마음의 품은 계획을 성취하는 데 도움이 되기를 바랄 뿐이다. 이 책이 나오기까지 권면해 주시고 물심양면으로 도와주신 속회연구원 이사장 박동찬 목사님과 원장 지광식 목사님, 속회연구원 이사님들, 속회연구원 상임연구실장이신 김종석 목사님 그리고 출판하기까지 옆에서 늘 응원해준 가족들과 사랑하는 천호제일감리교회 장로님들과 성도님들에게 감사의 마음을 전한다.

2023년 10월 3일
천호제일감리교회 담임목사

장 이 규

다, 리더십

CONTENTS

발간사	8
추천사	10
서문	16
워밍업	
- 소그룹의 중요성	22
- 소그룹이 해답이다	25
❶ 소그룹 방향성 잡기	30
❷ 소그룹 목표(비전) 만들기	38
❸ 소그룹 비전 공유하기	54
❹ 역동적인 소그룹 인도 전략	71
❺ 균형 잡힌 영성과 영적 멘토링	82
❻ 삶을 변화시키는 소그룹 나눔 이끌기	88
❼ 이성적 질문과 영적 변화	103
❽ 변증 소그룹	116
❾ 소그룹 내 갈등 해결하기	130
❿ 소그룹 수양회	144
참고 도서	152

워밍업 1 소그룹의 중요성

　교회성장학자이면서 리더십 학자인 톰 레이너는『살아나는 교회』라는 책에서 이 시대에 살아나는 교회들의 공통적인 특징을 공세적인 교회(scrappy church: 공격적인 자세, 활기찬, 끈질긴, 지속적인 교회)라 진단했다. 그 교회들은 '우리를 향한 하나님의 계획하심은 옛날이나 지금이나 미래나 여전하다'는 사실에 주목했다. 교회를 세우신 하나님의 계획(하나님의 나라와 구원, 그 성취)과 우리를 부르신 소명과 사명에 집중했다. 이들의 교회는 주위 환경이나 사람, 재정, '~때문에'라는 핑계를 대지 않았다. 다른 교회와 비교하지도 않았다. 모든 행사를 전도와 연결 시켰고, 새가족을 환영하는 데 집중했다. 그리고 교회 뒷문으로 사람들이 빠져나가는 것을 막았다. 특별히 그 역할을 담당한 것은 소그룹(small group)이었다. 소그룹은 사람들이 빠져나가는 것을 막았을 뿐 아니라, 성숙한 그리스도인이 되도록 양육하는데 큰 도움이 되었으며, 교회의 가족이 되어 정착할 수 있도록 하였다. 이 모든 과정을 통해 살아나는 교회가 되었던 것이다.

2019년 12월부터 시작된 코로나 전염병(COVID-19)은 3년간 (2019. 12~2023. 5) 나라와 나라, 지역과 지역, 동호회부터 가족 모임 심지어 교회 예배에 이르기까지 심할 때는 5인 이상 집합금지 명령까지 내려질 정도로 전 세계를 강타했다. 하지만 그렇게 전염병이 창궐하는 중에도 소그룹은 복음을 증거 하는데 가장 최적화된 도구로 사용되었다. 5인 이상 모임 금지로 교회 공예배에 참석할 수 없는 환경에서 소그룹은 일대일로 복음을 나누며, 영적으로 돌보고, 제자를 양육하는 장소가 되었다. 더욱이 줌(zoom)과 같은 프로그램을 통해 실제로 만날 수 없는 사람들에게도 복음을 나누었고, 특히 코로나로 격리된 상황에서도 영상을 통해 기도하고, 말씀을 나누는 등 영적 소통과 영적 성장을 계속 이어 갈 수 있었다.

이것이 소그룹의 힘이다. 소그룹은 세속화된 이 시대에도, 공산주의로 종교가 금지된 나라에서도, 전염병이 창궐한 시기에도, 모든 상황에 맞추어 복음을 나누고 전할 수 있는 선교의 최적화된 전략 도구이다. 초대교회 역시 그랬다. 예루살렘 교회에 박해가 있게 되자 성도들은 흩어져 소그룹으로 복음을 전했다. 그 결과 유대와 사마리아, 아프리카와 땅 끝까지 복음이 전해진 것이다.

> 그 흩어진 사람들이 두루 다니며 복음의 말씀을 전할새(행 8:4)

소그룹은 교회의 크기나 건물의 화려함과도 상관없다. 모든 교회, 모든 시대, 모든 세대, 모든 지역에 적용 가능하다. 더 나아가 소그룹은 돌봄-나눔-전도-사역까지 한 번에 연결시켜 완성할 수 있는 종합 선물세트이다. 예수님 영접부터 그리스도의 완전을 향해 성화를 이루게 하는 일까지 모든 과정이 일어나는 장소이다. 그래서 이 세대의 복음화를 위해서는 "소그룹이 해답"이라 말하는 것이다.

소그룹이 **해답이다**

예루살렘의 한 다락방에서 시작된 기독교를 세계적인 기독교로 확장시킨 사도 바울은 자신에 대해 다음과 같이 말했다. "이전에는 복음을 부끄러워하는 삶이었지만 이제는 복음에 빚진 자의 삶이 되었다. 복음의 무한한 영광을 전할 수 있어 감격스럽다. 할 수만 있다면 생명 다할 때까지 세계의 중심인 로마까지 가서 복음을 전하고 싶다(롬1:14-16)." 그러면서 다음과 같이 고백했다.

[20]나의 간절한 기대와 소망을 따라 아무 일에든지 부끄러워하지 아니하고 지금도 전과 같이 온전히 담대하여 살든지 죽든지 내 몸에서 그리스도가 존귀하게 되게 하려 하나니 [21]이는 내게 사는 것이 그리스도니 죽는 것도 유익함이라(빌1:20-21)

그리스도인들을 박해하고, 스데반을 돌로 쳐 죽이면서도 죄의식조차 없던 바울을 이처럼 변화시킨 것이 무엇인가? 두말할 것 없이 '복음'이다. 예수 그리스도의 십자가 은혜와 말씀의 능력이 그의 삶을 변화시킨 것이다. 이것이 불변의 해답이다.

현재 한국 사회의 지표를 본다면, 알코올 중독자가 10명 중 1명, 이혼 가정은 10명 중 5명, 도박 중독자는 10명 중 1명, 청소년 자살률은 OECD 회원국 중 1위, 어느 해는 10대 자살률이 1년에 22%까지 증가하기도 했고(2019. 09. 24 보건복지부 통계), 어느 통계에 의하면 16세기에 전쟁으로 죽은 사람이 약 1백 50만 명 정도였는데, 20세기 이후 지금까지 전쟁과 기근, 자연재해 등으로 죽은 사람이 무려 약 10억 명이 넘었다고 한다. 4차 산업혁명, AI의 등장, 3D 프린터, 5G 통신 등 삶의 환경은 매우 발전한 것처럼 보이지만 내적으로는 인간성 상실, 정체성 혼돈, 고독, 공허함, 불안감, 영적 갈급함이 더 커진 상태이다. 더 나아가 가정, 학교, 직장, 정치는 온통 불평으로 가득 차 있다.

이러한 상황에서 우리는 어떻게 변화될 수 있을까? 역시 바울처럼 십자가 복음과 예수 그리스도의 말씀이 답이다. 그 이유는 우리가 말씀으로 창조되었기 때문이다.

> [1]태초에 말씀이 계시니라 이 말씀이 하나님과 함께 계셨으니 이 말씀은 곧 하나님이시니라 [2]그가 태초에 하나님과 함께 계셨고 [3]만물이 그로 말미암아 지은 바 되었으니 지은 것이 하나도 그가 없이는 된 것이 없느니라(요1:1-3)

우리의 존재 자체는 '말씀 덩어리'이다. 그렇기 때문에 말씀이 들어와야 삶이 회복되는 것이다. 뿐만 아니라 말씀만이 우리의 생각과 의도를 변화시킬 수 있는 능력이다.

> 하나님의 말씀은 살아있고 활력이 있어 좌우에 날 선 어떤 검보다도 예리하여 혼과 영과 및 관절과 골수를 찔러 쪼개기까지 하며 또 마음의 생각과 뜻을 판단하나니(히4:12)

더 나아가 우리의 규모 있는 삶의 회복도 오직 복음, 말씀으로만 가능하다.

> …그의 능력의 말씀으로 만물을 붙드시며 죄를 정결하게 하는 일을 하시고(히1:3)

소그룹은 '복음의 능력을 경험'하는 데 초점이 맞추어져 있는 전략적 도구이다. 소그룹은 매주 우리가 지닌 삶의 문제들을 다루며 '교회가 당신의 문제를 알고 있다', '당신의 문제는 성경에 나와 있다', '주님이 해결해 주실 수 있다' 그리고 '주님이 해답이다'와 같은 개별적인 돌봄과 양육이 가능한 곳이다.

소그룹은 초신자, 기존 신자 혹은 불신자까지 누구에게든지 복음의 능력을 경험하게 하고 은혜 받도록 만들어진 모임이다. 소그룹은 말씀으로 복음의 능력을 바로 경험할 수 있는 환경을 제공한다. 한 번도 교회에 나오지 않은 사람이라도 지인과 함께 집, 카페, 식당 등 어디서든지 만나 쉽고 편하게 영적 질문과 나눔을 할 수 있는 모임이 바로 소그룹이다. 그런 면에서 소그룹은 아직 예수님은 믿지 않지만 교회와 그리스도인에게 관심 있는 구도자든, 이제 막 예수님을 믿기 시작한 초신자든, 오랜 세월 교회 생활을 한 기존 신자든 쉽게 복음에 접근하고 집중하기 가장 적합한 환경이라 할 수 있다.

언젠가 소그룹을 통해 교회에 처음 나온 사람들에게 소그룹에 참여한 이유, 소그룹에 참여하면서 좋았던 점을 물었더니, 재미있다, 편하다, 소속감과 안정을 주고, 친구가 있고, 처음 접하는 성경공부에도 흥미가 생겨서라고 답했다. 그렇다. 소그룹의 장점은 토론이 가능하다는 점이다. 대화를 통해 영적 궁금함도 편하게 물어 볼 수 있고, 서로의 대답을 통해 영적 장애물도 해결할 수 있어 인격적으로 예수님을 영접하기에 보다 용이하다. 사도행전 8장에 나오는 에티오피아 내시가 그리스도인이 된 경우도 빌립이 그와 일대일로 성경 구절을 묻고 답하면서 예수에 대해 설명하며 복음을 전했다(행8:35). 이를 통해 에티오피아 내시는 예수님을 영접하여 세례를 받고 본국으로 돌아가 에티오피아에 복음을 전하는 자가 되었다.

이 시대의 영적인 문제, 개인주의와 고독의 문제는 어떻게 해결할 수 있을까? 이 역시 소그룹이 해답이라 말할 수 있다. 교회를 떠나는 큰 이유 중 하나는 '나에게 관심이 없어서'이다. 소그룹은 자연스럽게 이 문제도 해결해 준다. 소그룹은 관계 중심적이다. 또 소그룹의 기본 원칙은 비밀 보장이다. 누구든지 마음속에 있는 개인적 깊은 고민도 나누며, 서로를 위해 기도하고 돌보기에 어떤 면에서는 가족보다도 더 친밀한 사랑의 관계가 형성될 수도 있다. 더 나아가 소그룹은 개인의 은사도 찾아내 교회 적재적소에서 섬길 수 있는 기회를 제공하는 중요한 역할을 하기도 한다. 그룹원을 공동체로 연결시켜 교회의 가족이 되게 하고, 초대교회와 같은 성경 공동체의 일원이 되게 하는 데에도 아주 적합하다.

정리하자면 소그룹은 언제 어디서든, 일대일 혹은 일대 다수든, 불신자든 초신자든 기존 신자든 혹은 우리가 관심 가져야 할 다음 세대든 지속적인 복음의 양육에 가장 적합한 환경을 제공하는 선교적 해답인 것이다.

01 소그룹 방향성 잡기

▦ 소그룹의 분명한 방향성

첫째, 소그룹을 가진 교회(church with small group)가 아니라 소그룹 교회다(church of small group).
둘째, 관리가 아니라 제자다.
셋째, 교회 부흥이 아니라 하나님 나라이다.
넷째, 말씀이 삶의 온 영역을 다스리게 하는 것이다.

소그룹이 역동적으로 운영되기 위해 반드시 필요한 것은 무엇일까? 바로 생명이다. 생명이 없으면 성장과 재생산을 얻을 수 없듯, 소그룹도 생명이 없으면 아무리 많은 시간과 물질, 에너지를 투자해도 결국 허공을 맴돌다 열매 없이 탈진하게 된다. 그렇다면 소그룹을 움직일 생명력은 어디에서 나올까? 바로 소그룹의 분명한 방향성이다.

▶ 소그룹 교회

오늘날 소그룹 운동의 핵심은 소그룹 교회(church of small group)라는 개념이다. 전통적으로 소그룹은 교인들을 관리하고 돌보기 위한 교회 사역의 한 부분이라 생각해 왔다. 소위 소그룹을 가진 교회(church with small group)이다. 이런 교회들의 특징은 전체 행사가 중심이고, 소그룹은 교회 행사의 일부분이 된다. 소그룹은 활성화가 잘 되면 좋고, 안되면 할 수 없는 정도이다. 그러다 보니 교회는 전체 프로그램을 잘 운영해야 하는 스태프 혹은 교역자들이 중요한 중앙 집중적 구조를 띤다.

반면에 소그룹 교회에서 소그룹은 교회의 가장 중요한 모임이다. 목회 사역의 초점이 소그룹을 활성화하는 데 있고, 스태프의 가장 중요한 역할은 소그룹 리더를 양육하는 것이다. 소그룹 안에서 전도, 리더 양육, 새가족 돌봄 사역이 충분하게 이루어져 재생산이 끊임없이 발생하는 것이다. 성도들은 소그룹을 통해 전도와 제자 양육, 치유와 돌봄의 제자도를 그들의 삶의 현장 한 가운데서 역동적으로 실천하게 된다. 이를 통해 교회는 삶을 변화시키는 성경적 공동체로 더욱 성숙해진다.

포스트모더니즘 사회의 특징은 개인주의다. 사람들마다 자신이 지닌 문제는 다 독특하다고 생각하고, 누구보다 본인을 소중하게 대해주길 바란다. 이러한 시대적 특성은 대예배나 대그룹 행사에서는 감당할 수 없다. 교인들을 일대일로 만나지 않고는 그들의 문제가 무엇인지, 기도 제목이 무엇인지 모른다. 기껏해야 주일에 악수 한 번 하면 끝나는 관계다. 소그룹이 없으면 일대일 만남을 가질 수 없을 뿐 아니라 서로를 알 수 없어, 교우들의 관계도 물과 기름처럼 될 수 있다. 초대교회처럼 삶을 변화시키는 예배와 나눔과 섬김이 함께 이루어지는 성경 공동체(행2:42-47)를 이룰 수 없다. 일대일로 만나지 않으면 하나님의 말씀이 공동체와 개인의 삶으로 연결되지 않는다. 그래서 교회들마다 소그룹이 살아야 한다고 외치는 것이다. 소그룹을 가진 교회에서 소그룹 교회로 탈바꿈하기 위해서이다. 소그룹 교회는 포스트모더니즘 개인주의 시대에 교회에 요청되는 소명이기 때문이다.

▲ 관리가 아니라 제자화

사도행전 8장 26절 이하를 보면 에티오피아 여왕 간다게의 내시가 예루살렘을 순례하고 본국으로 돌아가는 마차에서 구약성경 이사야서의 메시아에 관한 예언 부분을 읽고 있었다. 이때 성령이 빌립을 에티오피아의 내시가 탄 마차가 있는 광야 길로 인도했다.

광야에서 에티오피아 내시를 만난 빌립이 그에게 물었다. "지금 읽으시는 말씀을 아시겠습니까?(30절)" 그러자 내시는 "누군가 나에게 설명해주어야 알지요, 제가 어떻게 알겠습니까?(31절)"라고 대답했다. 빌립은 이사야 말씀을 비롯하여 여러 가지 말씀을 풀어 예수에 관한 복음을 전했다(35절). 내시는 "여기 물이 있는데, 저에게도 세례를 주소서"라고 요청하며 마차에서 내려 세례를 받았다(36-38절). 이것이 바로 소그룹의 본질이다. 소그룹은 건물 없는 이동 교회다.

소그룹은 복음을 알지 못하는 사람에게 찾아가는 것이다. 잘 모이는 교인들이나, 믿음 좋은 사람들의 동아리가 아니다. 교회에 왔으나 잘 적응하지 못하는 사람, 작은 말에도 상처를 받고 시험에 드는 사람, 교회에 성경만 들고 왔다 갔다 하는 사람 등 복음을 확실히 모르는 이들의 광야 같은 삶의 자리로 찾아가는 것이다. 그리고 그들로 복음을 깨달아 알게 하는 이동 교회가 소그룹인 것이다.

소그룹은 결코 교인을 나누어 관리하는 교회 성장 조직이나 프로그램이 아니다. 소그룹은 복음을 이해하지 못하던 에티오피아 내시를 찾아간 빌립이다. 빌립을 통해 에티오피아 내시가 예수 그리스도는 나의 구원자시요, 내 삶의 주인이심을 인격적으로 받아들이면서 세례를 받은 것과 같이 누군가를 제자 되게 하는 것이 그 본질인 것이다.

▶ 교회 성장이 아니라 하나님 나라

성경의 주제는 하나님 나라이다. 성경의 시작인 창세기의 주제는 창조된 하나님 나라와 타락이다. 성경의 마지막 책인 요한 계시록의 주제는 회복된 하나님의 나라다. 창세기와 요한계시록 사이의 책들은 모두 잃어버린 하나님의 나라와 예수 그리스도를 통해 회복되는 하나님의 나라에 관한 말씀들이다. 뿐만 아니라 예수님이 선포하신 메시지의 핵심도 하나님의 나라다. 예수님이 공생애를 시작하시면서 선포하신 첫 번째 메시지는 하나님 나라였다.

> 이르시되 때가 찼고 하나님의 나라가 가까이 왔으니 회개하고 복음을 믿으라 하시더라(막1:15)

예수님이 선포하신 마지막 설교도 하나님 나라이다. 십자가에서 죽으신 후 부활하신 예수님이 승천하시기 전 선포하신 말씀은 역시 하나님 나라에 관해서였다.

> 그가 고난 받으신 후에 또한 그들에게 확실한 많은 증거로 친히 살아 계심을 나타내사 사십 일 동안 그들에게 보이시며 하나님 나라의 일을 말씀하시니라(행1:3)

예수님은 열두 제자들을 파송하시면서도 하나님 나라에 대한 메시지를 부탁하셨다.

> ¹예수께서 열두 제자를 불러 모으사 모든 귀신을 제어하며 병을 고

치는 능력과 권위를 주시고 ²하나님의 나라를 전파하며 앓는 자를 고치게 하려고 내보내시며(눅9:1-2)

사도 바울 역시 감옥에 있으면서도 마지막까지 하나님 나라에 대해서 가르쳤다.

³⁰바울이 온 이태를 자기 셋집에 머물면서 자기에게 오는 사람을 다 영접하고 ³¹하나님의 나라를 전파하며 주 예수 그리스도에 관한 모든 것을 담대하게 거침없이 가르치더라(행28:30-31)

성경의 핵심 메시지는 하나님 나라이고, 예수님의 메시지도 하나님 나라이다. 교회의 영원한 주제 역시 하나님 나라인 것이다. 결국 교회 성장은 하나님 나라를 향한 복음의 능력을 회복할 때 오는 복인 것이다. 그러기에 소그룹의 목표는 교회 성장이 아니라 하나님 나라의 회복이어야 한다.

▸ 말씀이 삶의 온 영역을 다스리게 하는 것

성경은 기본적으로 두 가지 기둥으로 구성되어 있다. 하나는 복음, 다른 하나는 율법이다. 복음은 하나님이 우리에게 하신 일을 의미하고, 율법은 하나님에 대한 우리의 반응을 말하는 것이다. 예를 들어 로마서를 보면 1-11장은 복음 제시, 12-16장은 '그러므로'로 시작하는 율법으로 복음에 대한 우리의 반응을 위한 실천사항으로 구성되어 있다. 에베소서와 골로새서 역시 같은 구조로 되어 있다.

로마서
- 복음 : 1-11장
- 율법 : 12-15장, "그러므로…권하노니…거룩한 산 제물로 드리라(롬12:1)"

에베소서
- 복음 : 1-3장
- 율법 : 4-6장, "그러므로…권하노니…부르심에 합당하게 행하여(엡4:1)"

골로새서
- 복음 : 1-2장
- 율법 : 3-4장, "그러므로… 위의 것을 찾으라(골3:1)"

복음에 대한 우리의 반응이 없는 것은 유익한 일이 아니다. 하나님이 우리에게 말씀을 주신 이유는 이 말씀을 우리의 삶과 연결시켜 유익하게 하기 위해서이다.

그들과 같이 우리도 복음 전함을 받은 자이나 그러나 들은 바 그 말씀이 그들에게 유익하지 못한 것은 듣는 자가 믿음과 결부시키지 아니함이라(히4:2)

사도 야고보도 행함이 없는 믿음은 죽은 믿음이라 했다.

이와 같이 행함이 없는 믿음은 그 자체가 죽은 것이라(약2:17)

소그룹은 말씀을 적용하고 실천하는 훈련의 장소이다. 소그룹에서 하나님의 말씀을 붙들고 삶으로 연결하도록 서로 격려해야 한다. 하나님의 약속의 말씀이 우리 삶에 실제가 되는 것을 그룹원들과 함께 볼 때 소그룹은 더욱 생명력과 역동성을 갖게 된다.

02 소그룹 **목표(비전) 만들기**

▦ **연간 그룹 성장 계획 만들기**

첫째, 소그룹의 존재 목적 기록하기

둘째, 소그룹에서 올해 꼭 이루고 싶은 것을 결정하기

셋째, 결정한 것을 이루기 위한 행사들을 구체적으로 3가지 적기

넷째, 소그룹이 영적으로 성장하기를 원하는 부분 정하기

매년 새해가 되면 모든 소그룹 리더들이 새로운 희망과 비전을 품는다. 이곳저곳에서 지난해를 평가하며 새해 계획을 세우고 새 출발을 다짐한다. 새날을 열어주신 하나님의 의도에 부합한 바람직한 모습이다. 하지만 문제는 무엇을 기준으로 평가해야 할지 모른다는 것이다. 그래서 주로 사람들의 참석률과 반응, 진행의 원활함 등에 관심 갖고 결론적으로 숫자가 늘었는가, 줄었는가로 평가하게 된다. 그러다 보니 내년도 계획은 "성숙한 소그룹, 건강한 소그룹, 선교하는 소그룹" 등등의 표어를 내세워 이전보다 더 강하게 홍보하고, 행사를 다양하게 하며, 보다 많은 참여를 결의하고 다짐한다.

물론 이러한 것이 잘못된 것은 아니다. 하지만 그러다보면 행사를 위한 행사들을 만들 가능성이 크고, 또 연말이 되어 시행하는 평가 역시 애매해지기 쉽다. 그런 면에서 구체적인 평가 시스템과 계획 시스템을 리더가 가지고 있는 것이 중요하다. 시스템을 통하여 계획도, 평가도 보다 구체적으로 이루어질 수 있기 때문이다. 거기에 응용 프로그램을 추가하면 더욱 영적으로 성숙하게 그룹을 인도할 수 있는 계획과 평가 기준이 생기게 된다.

새로운 계획을 세우는 다양한 방법과 기준이 리더 나름대로 있을 것이다. 여기서 제안하는 내용은 다양한 방법 중 하나로, 체계적이고 효과적인 기초 시스템이다.

🔰 소그룹 현실 점검(기초 계획/평가 시스템)

4가지 기초 체크리스트

1. 작년도 우리 그룹의 존재 목적이 무엇이었는가? 우리 그룹원들이 그것을 알고 있었나?
2. 작년도 우리 그룹의 목표는 무엇이었는가? 우리 그룹원들이 그것을 알고 있었나?
3. 작년도 우리 그룹이 목표를 이루기 위해 세웠던 분명한 전략 3가지를 써 보라.
4. 작년도 우리 그룹이 영적으로 성장하기 위해 구체적으로 훈련하였던 것은 무엇이었나?

나는 군목으로 입대해 영천에 있는 육군 3사관학교에서 장교 기초 군사교육을 12주 동안 받은 적이 있다. 교과 과정 중 "전쟁론"에 관한 과목이 있었다. 전쟁론의 아버지로 불리는 클라우제비츠의 전쟁의 열 가지 원칙이 기억에 남는다.

그에 의하면 전쟁에 이기기 위해 우선으로 중요한 첫째는 목표를 정하는 것, 둘째는 화력을 집중하는 것, 셋째는 조직화하는 것이었다. 전쟁에서 제일 중요한 것은 분명한 목표물이다. 목표물이 분명하지 않고서는 승리를 가져올 수 없다. 또 분명한 목표물을 선정한 이후에는 가지고 있는 화력을 집중하는 것이다. 산발적인 공격으로는 목표물이 무너지지 않는다. 그리고 무기 사용을 극대화할 수 있도록 조직이 이를 뒷받침해 주는 것이다. 이러한 클라우제비츠의 전쟁론에서 우리는 소그룹의 기초적 방향성의 어떤 암시들을 발견할 수 있다.

클라우제비츠의 전쟁론과 앞서 물어본 4가지 기초 체크리스트를 비교해보자. 체크리스트 1번과 2번, 즉 소그룹의 존재 목적과 목표의 설정은 클라우제비츠의 첫 번째 '목표 설정' 부분에 해당한다. 소그룹의 존재 목적과 분명한 목표 그 자체는 소그룹의 정체성을 형성하고, 앞으로 나아가 전쟁을 할 수 있게 한다. 마치 자동차를 운전할 때 분명한 이정표가 있다면 길을 잃지 않고 곧바로 갈 수 있도록 해주는 것과 같다. 다른 말로 이야기하면 그룹이 헤매지 않고 전진하며 그 자체로 그룹을 영적으로 성장하게 하는 능력이 되는 것이다.

체크리스트 3번은 클라우제비츠의 두 번째와 세 번째, 화력 집중과 화력 집중을 위한 조직에 관한 질문이다. 소그룹의 목표를 세웠으면 목표를 이루기 위한 구체적인 전략이 필요하다. 대다수의 사람들이 계획을 세울 때 전략적인 부분에서 실패를 많이 한다. 어떤 추상적 목표는 세웠는데 이를 위한 구체적 실천 방안을 세우지 않고, 또 구체적인 실천을 지속적으로 추진할 조직을 갖추지 않는 것이다. 그 결과 연중 계획은 두리뭉실해지고, 모든 행사가 이곳저곳에서 효과없이 터지는 산발탄이 되어 버린다. 책임자가 없고, 진행하는 사람도 없다. 리더는 그저 때가 되면 행사를 치르는 데 전전긍긍하게 된다.

따라서 보다 효과적인 소그룹의 양적, 영적 성장을 위해 무엇보다 중요한 것은 그룹의 분명한 목표 설정과 그를 위한 전략이라 할 수 있다.

그렇다면 클라우제비츠의 전쟁 이론과 기초 계획/평가 시스템을 응용해서 어떻게 우리 그룹의 질적, 양적 성장을 위한 내년도 목표와 그 실천사항을 구체적으로 세울 수 있을까?

▶ 첫 번째 단계, 소그룹의 존재 목적

모든 조직은 존재 목적이 있다. 그리고 그 목적을 달성하기 위한 전략을 가지고 있다. 교회도 존재 목적이 있다. 분명한 목적은 "예수님을 알지 못하고 믿지 않는 사람들에게 복음을 전해 예수님을 영접하게 하여 구원의 은총을 얻도록 하며, 더 나아가 그들이 예수님 제자의 삶을 살도록 하는 것"이다.

그리스도의 몸으로서 교회 사역을 잘 감당하기 위해 만들어진 조직 중 하나가 사역 그룹들이다. 젊은이부 소그룹의 존재 목적은 20-30대에 초점을 두고, 그들을 전도하여 구원을 얻게 하여 그들로 예수님 제자의 삶을 살 수 있도록 인도하는 것이다. 만약 장년부라면 40대 이상 장년들을 전도하여 그들로 구원의 은총을 누리고 제자의 삶을 살도록 하는 데 있다. 부부를 위한 소그룹이든, 싱글을 위한 소그룹이든 다 마찬가지다.

혹은 특정한 목적을 위해 세워진 사역(task) 중심 소그룹이라고 하면 그 일을 감당하며 그리스도의 몸 된 교회를 세우는 사명에 존재 목적이 있게 되는 것이다. 이와 같이 모든 소그룹은 존재 목적을 분명히 가지고 있고, 그것을 정리한 글을 "사명선언문(Mission Statement)"라 할 수 있다.

그럼 우리 소그룹의 존재 목적을 제일 먼저 생각해 보자. 왜 우리 그룹이 존재하는가? 이 물음에 대한 정리가 이루어진 이후에야 비로소 우리 그룹의 모든 구체적 목표와 실천 계획이 나올 수 있게 된다. 모든 계획의 첫 출발은 우리 그룹의 존재 목적을 써 보는 것이다. 이것은 일 년 후에 돌아보면서 그룹을 다시 평가하는 잣대가 되기도 한다.

적용 우리 소그룹의 존재 목적은(Mission Statement)?

▶ 두 번째 단계, 이루고자 하는 내년도 목표

목표는 우리가 '어느 주어진 기간 내에 되고자 하는 지점(Goal)'을 의미한다. 다른 말로 표현하자면 비전(Vision)이다. 이것은 내년도 우리 소그룹이 이루고자 혹은 되고자 하는 분명한 지점이나 구체적인 모양을 의미한다.

그렇다면 어떻게 내년도 우리 소그룹이 추구하고자 하는 목표(Vision/Goal)를 만들 수 있을까? 계시를 통해서? 물론 계시도 중요하다. 개인적 소명은 목표를 만들어 내는 데 매우 중요한 요소이다. 하지만 계시는 특정인에게 한정될 수밖에 없다. 계시가 없는 사람은 목표를 만들 수 없는 것인가? 보다 보편적인 방법은 없을까? 여기서 몇 가지 보편적 방법을 제시하고자 한다.

① 전년도 행사를 필요성과 참여도에 따라 구분한다.

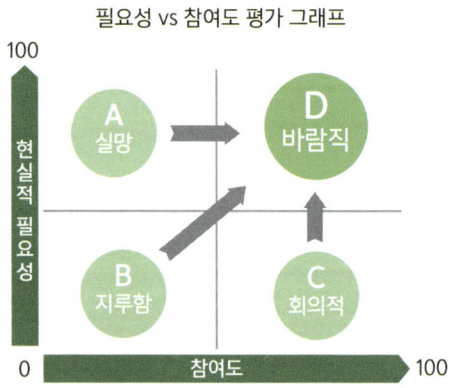

필요성 vs 참여도 평가 그래프

먼저 전년도 행사를 위 그래프에 해당하는 좌표에 맞게 넣어보는 것이다. A(실망)는 필요성은 높은데 참여도가 적은 부분이다. 이 영역에 해당하는 행사들을 주관했던 사람들이 가지게 되는 감정적 결과는 실망이다. B(지루함)는 필요성도 낮고 참여도도 적은 부분이다. 리더나 행사들을 주관했던 사람들 그리고 그 행사들을 보는 사람들은 지루함을 느끼게 된다.

한편 C(회의적)는 필요성은 낮은데 참여도가 많은 부분이다. 행사는 잘 치렀지만 참여자들로부터 들려오는 평가는 회의적이다. 행사에서 의미를 찾지 못하고 그저 행사를 위한 행사로 끝났다는 아쉬움이다. 비록 소수여도 소중한 의미를 주는 행사가 있는 반면, 어떤 행사는 겉만 화려했지 결과는 사람들을 지치게 하는데 C(회의적) 영역의 행사들이 주로 그럴 확률이 높다. D(바람직)는 필요성도 높았고, 참여도 많았던 부분이다. 가장 이상적이고 바람직하다. 행사 주관자와 참여자 모두 성취감과 감동, 의미를 발견하고 함께 성장할 수 있었던 행사라 할 수 있다.

행사를 좌표에 넣었다면 이제는 원인을 분석해야 한다. A(실망)의 행사들은 필요성도 높았는데 왜 참여도가 적었는지 살펴보아야 한다. 홍보 때문이었는지, 리더의 무관심이었는지, 시기의 문제였든지 등등. 그리고 내년에는 어떻게 참여도를 높일 수 있을지 방법을 모색하는 것이다. 행사를 가장 바람직한 D(바람직)부분으로 끌어 올릴 것인지? 아니면 그 행사를 없앨 것인지를 결정하는 것이다. B(지루함)의 행사들은 필요성도 낮고 참여도도 낮은데 왜 그대로 놔두는지? 없애면 문제가 되고, 지원하자니 필요성이 없고 그런 것인지? 자연스럽게 자체적으로 없어지기를 기다리고 있는지? 아니면 적극적으로 바람직한 방향으로 양육하여 D(바람직) 부분으로 끌어 올리도록 전략을 세울 것인지? 등등을 결정해야한다. C(회의적) 부분은 필요성은 적었는데 왜 참여도가 많았는지? 이 행사들을 없앨 것인지? 아니면 이 부분을 보다 개발하여 소그룹의 성장에 중요한 도구가 되도록 적극적으로 전환 시킬 것인지? 등을 분석하고 판단해야 한다.

② 소그룹의 4가지 기본적 기능을 바탕으로 계획을 세운다.

소그룹의 기본적 기능

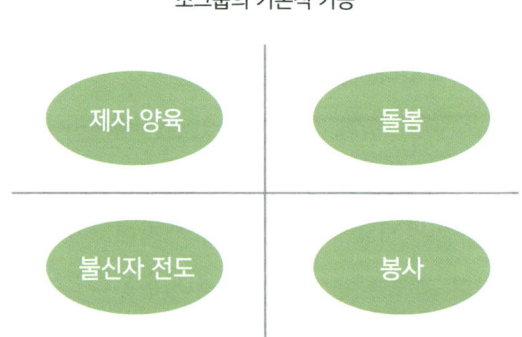

소그룹의 기본적인 4가지 기능은 제자 양육, 공동체 돌봄, 불신자 전도, 대내외 봉사라 할 수 있다. 따라서 소그룹의 4가지 기

능 안에서 지난해 우리 소그룹이 제일 잘 해낸 부분, 가장 중점을 둔 부분 혹은 제일 부족했던 부분이 무엇인지를 평가하는 것이다. 그리고 현재 우리 소그룹에서 제일 필요한 것이 무엇인지 알아내는 것이다.

예를 들어 우리 소그룹은 지난해 아주 잘 모이기는 했는데, 제자 삼는 것이 약했다는 평가를 받았다고 가정해보자. 그러면 내년도에는 제자 삼는 것에 더 초점을 둔 과정을 계획하는 것이다. 어떻게 제자 삼는 것에 초점을 두고 우리 소그룹을 일 년간 운영할 수 있을까?

만일 지난해 매주 소그룹 모임을 두 시간씩 가졌고 그중 한 시간을 친교에 두었다면, 올해는 모임의 한 시간은 제자 양육(다른 사람들을 가르칠 수 있도록 하는 체계적 훈련)에 할애하는 것이다. 나머지 한 시간도 전도 20분, 친교 20분, 봉사 20분으로 시간을 활용하여 1년간 제자 양육에 집중하면 좋다. 이러한 방식으로 매년 한 기능씩 집중한다면 4년 치 장기 계획도 수립되는 것이다.

③ 소그룹 구성원들과 인터뷰를 한다.

소그룹 구성원들 개인 개인을 만나 그들에게 지난해 평가를 듣고 그들이 우리 소그룹에 거는 기대가 무엇인지를 물어, 그것을 반영해 새로운 계획을 수립하는 방법이다.

④ 설문 조사를 한다.

전문가에게 의뢰한 설문 조사를 통해 구성원들의 의견을 파악하고, 새로운 계획에 반영하는 것이다. 주의할 것은 설문 조사에 전문성이 없으면 조사 내용이 편협해질 수 있으니 반드시 전문가의 도움이 필요하다.

적용 내년도 소그룹이 이루고자 하는 목표(Vision/ Goal)는?

___

___

___

▶ 세 번째 단계, 전략 세우기

보통 두 번째 단계, 소그룹의 목표를 정하고 나면 그룹 성장 계획 작업을 멈추는 경우가 많다. 목표만 설정하면 마치 모든 것이 저절로 다 되리라 생각하는데 결코 그렇지 않다. 실질적으로 목표를 이루게 하는 것은 그다음 단계이다. 클라우제비츠가 그의 전쟁론에서 이야기한 것처럼 전쟁에서 이기려면 목표물을 선정한 이후 화력을 집중해야 한다. 비행기와 군함으로 목표 지점을 다양하게 공격하고, 세부적으로는 군인들이 진군해야 전쟁의 목표 지점을 정확히 탈환할 수 있듯이, 소그룹도 마찬가지로 목표를 선정했으면 공격 무기들을 결정하고 화력을 집중해야 한다. 이 무기가 바로 구체적인 방법, 다른 말로 하면 구체적인 행사(activity)이다. 행사는 1년에 3회에서 4회 정도가 좋다. 3회면 4개월에 한 번, 4회면 분기별에 한 번씩 된다. 각 소그룹이 형편에 따라서 결정하는 것이 좋다.

적용 소그룹이 계획한 목표 달성을 위한 구체적 행사 3가지를 써 보라.

_____

_____

_____

_____

_____

▶ 네 번째 단계, 조직화

리더 혼자 많은 일을 할 수 있다. 그러나 사역을 분담하는 것은 효과가 더욱 크다. 그렇다고 갑작스럽게 조직화를 위해 한 사람을 지목해서 일을 부탁하면 성취도는 물론이거니와 행사의 질도 떨어진다. 하지만 처음부터 책임자를 세우면 효과적인 결과를 가져올 수 있다.

한 가지 행사에 한 명의 책임자(key person)가 있으면 그 행사의 성취도는 80-90%가 될 수 있다. 반대로 행사를 계획해 놓고도 책임자 한 사람을 세우지 않을 경우의 성취도는 50% 정도에 그치게 된다. 책임자가 행사 준비 스케줄을 짜게 해야 한다. 홍보 기간, 준비 기도회, 준비팀 구성까지 다 포함해서 말이다. 비록 행사는 1년에 3-4회라 할지라도 준비 기간에 화력이 집중된다. 이처럼 집중 되어 있는(focus-on) 행사들은 생각보다 양적, 질적으로 더 좋은 결과들을 가져온다. 책임자들 역시 훌륭하게 그 사역이나 행사를 진행한다. 이를 통해 새로운 리더도 발굴하게 되고, 미래에 한 팀이 되어 사역을 이룰 가능성도 열린다. 한마디로 각 행사의 책임자를 세우는 조직화 작업은 소그룹의 성장을 목표 지점에 이르게 하는 중요한 전략인 것이다.

적용 목표 달성을 위한 행사들의 각각 책임자는 누구인가?

▶ 다섯 번째 단계, 응용 프로그램 1

소그룹에서는 늘 영적 성장을 바라지만 분명 약한 부분이 있다. 이를테면 교회는 오래 다녀 대략의 성경 지식은 가졌지만 체계적 지식이 부족해 다른 사람들에게 복음을 잘 설명하지 못한다든지, 기도나 전도가 약하다든지, 개인적 묵상, 봉사, 인간관계, 공동체성 등등 영적으로 성장하는 데 방해가 되거나 미성숙한 부분들이 있다. 이때 리더의 역할은 그룹원들이 영적으로 성장하는데 필요한 것이 무엇인지 파악하는 것이다. 그리고 약한 부분을 보충하여 강화시킬 수 있는 훈련 계획을 세우는 것이다. 이렇게 초점을 맞춘 훈련을 통해 그룹원들은 성장하게 된다. 더 나아가 그룹원들 스스로도 자신이 영적으로 성장하고 있는 모습에 기뻐하게 된다.

> **적용** 소그룹이 영적으로 성장하기를 원하는 부분은?
> 이를 성취하기 위한 구체적 방법 3가지를 써 보라.

여섯 번째 단계, 응용 프로그램 2

모든 책은 의도적으로 독자를 몰아가려는 성향이 있다. 그러나 한편으로는 모든 책이 저자를 통해 새로운 안목을 우리에게 전해주는 것도 사실이다. 또 저자의 의도와는 상관없이 다양하고 신선한 인사이트가 독자에 의해서 발견되기도 한다. 그런 면에서 소그룹 성장을 위해 신앙 서적 한 권 함께 읽기를 시작하는 것도 좋은 영적 성장의 계기가 된다.

이를 위해 먼저 책을 정하라. 책을 정할 때 그룹 내에서 성장(훈련)하고 싶은 내용과 맞추는 것도 좋은 방법이다. 둘째는 어떻게 읽을 것인지를 정한다. 매주 한 과씩 읽고 토론할지 아니면 누가 요약하고 나눌 거리를 준비해서 토론할 것인지 등등 읽는 방법을 정하는 것이 좋다.

적용 소그룹의 신앙 성장을 위해서 읽을 책 한 권은 무엇인가?

1. 제목
2. 저자
3. 독서 방법
4. 책임자

MEMORY

4가지 기초 계획/평가 시스템을 이용하라.
1. 내가 속한 소그룹의 존재 이유를 분명하게 써 보라.
2. 소그룹이 이루고자 하는 목표를 세우라.
3. 목표를 이루려는 방법으로 실행할 행사를 정하라.
4. 그 사역을 맡을 책임자를 정하라.

2가지 응용 프로그램을 이용하라.
5. 소그룹 내에 필요한 영적 훈련을 정하라.
6. 소그룹의 신앙 성장을 위해서 읽을 책을 정하라.

03 소그룹 **비전 공유**하기

비전을 세우고 운영하는 기본 3단계가 있다. 첫 번째는 공동체가 지향하는 목표를 설정(vision making)하는 단계요, 둘째는 목표를 이루기 위한 전달과정으로 설득(vision casting)하는 단계요, 셋째는 세워진 목표를 구체적으로 실천하는 실행(vision implement-ation) 단계이다.

1단계 목표 설정은 지난해 소그룹에서 진행한 행사 평가를 통한 방법, 4가지 소그룹 기능에 맞춘 방법 혹은 그룹원들의 인터뷰나 전문가의 설문 조사를 통한 방법을 통해 공동체가 지향하는 모습을 정하는 것이다(2장을 참고하라).

2단계 설득의 과정은 소그룹의 비전을 세운 후 공동체와 비전을 나누고, 그 비전을 향해 함께 걸어갈 수 있도록 그룹원들을 설득하는 것이다. 이 단계에서 리더는 공동체 내의 다양한 사람들이 같은 꿈을 꾸고, 일치된 마음으로 함께 나아가도록 해야 한다.

하지만 많은 리더들이 2단계 설득의 과정을 간과하는 경우가 많다. 비전만 만들어지면 실행은 당연히 이어진다고 쉽게 생각한다. 그러나 사실은 그렇지 않다. 인간은 본능적으로 지극히 이기적이고 자기중심적인 존재이다. 어떤 공동체든지 개인의 이득과 매우 밀접하게 관계되어 있다. 신앙공동체라고 예외일 수 없다. 신앙공동체 역시 다양한 사람들이 다양한 이득 목적을 가지고 모인 곳이다. 영적 탐구, 제자 양육, 사회정의 구현, 친교, 개인 사업의 확장, 병 치유, 사회봉사 등 각자의 참여 목적과 추구하는 이익이 다르다. 그러기에 공동체 내의 다양한 구성원들이 같은 꿈을 꾸고 자신의 이익을 절제하며, 일치된 마음으로 공동체의 비전을 위해 자신을 희생하고 헌신하는 것은 결코 쉬운 일이 아니다. 부모나 형제, 친척들 사이에서도 의견이 일치하기 어려운데 하물며 다양한 사람들이 다양한 이유와 목적으로 모인 공동체에서는 더욱 그러하다.

그럼에도 불구하고 리더들은 당연히 구성원들이 비전에 동의하며 그리고 헌신까지 할 것으로 기대한다. 현실은 그렇지 않다. 리더의 비전에 공동체는 쉽게 동의하지 않는다. 이 문제로 때때로 리더와 공동체가 마찰을 빚는다. 심한 경우엔 공동체 내의 관계성마저 흔들리고 상처가 남아 결국 리더든 구성원이든 떠나는 경우가 생긴다. 왜 그런가? 그것은 비전 실행을 위한 리더의 설득이 부족했기 때문이다.

오늘날 우리의 생활 문화를 이끄는 인터넷과 방송, 신문, 책은 무엇인가? 다 설득을 위한 것이다. 그들 나름대로 사실이라고 생각되는 것을 영상이나 이미지, 글로써 논리적으로 시청자들에게 전달하는 것이다. 예를 들어 작가는 독자들에게 자신이 확신하는 어떤 세계관을 책이라는 매개체로 설득하는 것이다. 설교 역시 하나님의 말씀이 진리인 것을 회중에게 알리는 설득의 도구이다. 그러니 하나님의 말씀을 전달할 때도 단순히 성경 한 줄 읽는 것으로 끝나지 않는다. 예배의 도입부터 고백의 기도, 찬송에 이르기까지 예배에서 선포될 메시지에 초점을 맞추어서 체계적으로 구성한다. 메시지가 선포된 후 이어지는 찬송과 축도 역시 메시지에 대한 강력한 결단과 깊이 잇대어져 있다. 결국 우리가 드리는 예배 역시 하나님을 높이는 찬양인 동시에, 청중들이 그 메시지를 진리로 받아들이도록 하는 설득의 과정인 것이다.

이렇게 우리는 다양한 설득의 체계 속에서 설득하고 또 설득당하며 살고 있음에도 불구하고, 공동체의 목적을 이루려하는 과정 속에서 함께하는 사람들을 설득하지 않고 목표를 실행하려는 실수를 범하고 있는 것이다. 아마 그 이유 중 하나는 그동안 리더들에게, 특별히 신앙공동체 리더들에게 비전의 전달과 실행을 위한 설득의 리더십이 충분히 훈련되어 있지 않기 때문이라 볼 수 있다. 어느 신학교 혹은 교회 리더 교육에서도 비전의 전달이나 설득을 위한 훈련 교과 과정을 보지 못했다.

비전의 나눔과 설득의 과정은 비전을 만드는 일만큼이나 중요하다. 설득은 비전에 도달하게 하는 중요한 다리(bridge)이다. 반드시 공동체의 동의라는 다리를 밟고 지나가야만 한다. 예를 들어 한 독재자를 생각해보자. 강력한 힘으로 사람을 이끄는 그 독재자 역시 불안감 조성, 공포, 반공 이데올로기, 종교 이데올로기 등 어떠한 모양으로든 나름대로 국민을 설득하고 있는 것이다. 공동체 외부에서는 이해할 수 없겠지만 내부에선 그 리더를 따라가고 있는 이유가 분명 있다.

또 설득에는 시간이 걸린다. 다리를 건너가려면 빠르든 느리든 시간이 필요하다. 마찬가지로 같은 마음으로 한 비전을 향해 헌신하기까지는 어느 정도 시간이 걸리는 것이다.

시카고의 윌로우크릭 커뮤니티 교회에서 처음 예수님을 영접한 사람 1,200명을 대상으로 설문 조사한 적이 있었다. 질문의 내용은 "당신이 처음 교회에 나오기 시작한 이후 예수님을 구주로 영접하여 세례받기로 결단하기까지 기간이 얼마나 되었습니까?"였다. 놀랍게도 그 답은 약 8-14개월이었다. 문화를 접목해 복음을 쉽게 이해 할 수 있도록 준비된 초신자를 고려한 구도자 예배였음에도 불구하고, 교회에 처음 나온 사람들의 생각이 바뀌는 것, 믿음에 대한 개인적 편견이 바뀌는 것, 교회 문화에 익숙해지는 것에 적어도 1년은 걸린다는 것이다. 이러한 결과는 공동체를 설득하는 데에 도 시간이 걸린다는 중요한 사실을 알려준다.

▸ 분명한 명분과 근거 제시

공동체를 설득하기 위한 가장 최초의 과정은 비전에 대한 분명한 명분과 근거를 제시하는 것이다. 실리와 명분 중 사람들이 소중하게 생각하는 것은 명분이다. 명분을 다른 말로 하면 가치(value)다. 사람들의 참여도와 헌신을 이끄는 것은 그 일이 얼마나 가치 있는가에 달려 있다. 아무리 어려운 일이라 해도 가치 있는 일은 어려움 속에서 기쁨과 감사를 느끼게 한다. 손해 봤다는 느낌이 아니라 쓰임 받았다는 기쁨과 감격이다. 그러나 가치 없다고 생각되는 일은 참여자로 하여금 책임감을 느끼지 않게 한다. 그런 일은 해도 쉽게 싫증이 나고 시간이 아깝다. 이런 일이 자주 있을 경우에는 자신이 이용당하고 있다고까지 생각할 수 있다.

왜 그럴까? 하나님이 우리 인간을 가치 있는 인생으로 창조하셨기 때문이다. 우리는 삶에서 가치를 추구한다. 이러한 삶의 방식은 우리 자신의 삶을 생육하고 번성하고 다스려 경영하게 하신 하나님의 창조원리이기에 매우 자연스러운 것이다. 우리의 양심을 들여다보면 이득보다는 가치 중심적임을 발견하게 된다. 오늘날 정치와 도덕이 추구하는 것이 무엇인가? 우리 사회와 개인의 삶 속에서 인간의 존엄성을 회복시키고 극대화하는 것 아닌가? 인간의 존엄성을 되찾는다는 것은 인간의 가치를 회복시키는 것을 의미한다. 인간이 가치 그 자체이기 때문이다.

사람들은 가치를 위해서 자신의 생명을 희생하기까지 한다.

왜냐하면 가치는 인간의 본질적 요소요, 삶의 근거이기 때문이다. 따라서 인간은 가치 중심으로 삶을 찾아가게 되어있다. 그러기에 비전의 가치가 사람들의 마음을 감동과 헌신으로 이끄는 것이다.

▶ 효과적인 설득 전략 1단계, 분명한 성서적 근거

신앙공동체에서 가장 중요한 가치는 바로 분명한 성서적 근거이다. 생생한 하나님의 말씀에서 오는 것이다. 우리를 향하신 구체적인 하나님의 소원으로부터 구성원들의 소명이 생기는 것이다. 리더의 비전이 오늘 우리 소그룹, 우리 공동체가 나아가야 하는 방향일 뿐 아니라 하나님의 소원임을 알게 될 때, 그룹원에게 성령이 역사하게 되고 그룹원의 마음을 감동과 헌신으로 이끌게 되는 것이다. 그렇다면 어떻게 구체적으로 성서적 근거를 효과적으로 전달할 수 있을까?

① 말씀의 선포, 즉 설교이다. 설교는 비전과 그 비전의 가치를 전달하는 가장 효과적인 방법이다. 성서에 계시된 우리를 향하신 하나님의 소원을 나누라. 그리스도인이 삶 가운데서 이루어야 할 하나님의 가르침을 알게 하라. 우리 공동체를 세우신 하나님의 세우신 뜻을 선포하라. 역사 속에서 계시하신 하나님의 소원을 구약 본문에서 발견하라. 예수님의 말씀을 통해 우리를 향하신 하나님의 소원을 신약 본문에서 발견하라. 그리고 그 본

문의 상황에 따라 다양하게 제시된 하나님의 명령과 소원을 선포하라. 더 나아가 그 명령을 순종하였을 때 이루어진 결과들에 대해서 선포하라. 더불어 오늘 교회의 역사 속에서 그 말씀에 순종했을 때 나타난 결과들에 대해서 선포하라. 그 말씀에 순종하기 어렵게 만드는 요소들이 무엇인지, 장애물들을 어떻게 극복했는지 성서에 계시된 말씀을 분명하게 선포하라.

② 개인 성경공부다. 성경공부 역시 분명한 하나님의 소원을 알게 하는데 있어서 빼놓을 수 없는 부분이다. 성경공부는 우리 스스로가 주체가 되어 하나님의 말씀을 읽고, 묵상하며, 구체적으로 고민하게 만든다. 그리고 하나님의 부르심에 주관적으로 응답하게 한다. 성경공부는 하나님의 말씀과 소원을 제3자의 입장에서 혹은 다른 이에게 하는 것으로 들을 수 있는 설교와는 달리 개인에게 직접 말씀하시는 하나님의 소원을 명확하게 듣게 한다.

③ 가족 성경공부다. 가족 성경공부는 나뿐 아니라 온 가족들이 우리를 향하신 하나님의 소원을 함께 알게 하고, 하나님의 부르심을 경험하게 하며, 함께 헌신에 동참할 수 있도록 한다. 가족이 함께 하나님의 비전을 보는 것이다. 그로써 가족이 협조해주지 않아 발생하게 되는 여러 장애물도 극복하게 된다. 이를 위

해 리더는 가족을 위한 성경공부, 배우자와 함께 하는 성경공부, 자녀와 함께 하는 성경공부 교재를 준비해야 한다.

가족 성경공부 교재 제작

1) 구약성경과 신약성경에 계시된 분명한 하나님의 말씀과 소원 찾기

2) 성경에 나타난 말씀을 상황별로 구분하기
   a. 어떤 상황에서 하나님은 어떻게 말씀하셨고
   b. 말씀을 들은 청중들은 어떻게 응답하였으며
   c. 어떠한 결과가 일어났는지

3) 분류된 말씀에 따라 성경공부 스케줄 정하기

가족 성경공부 인도하는 방법

1) 일주일에 3번, 20분씩 4주 정도 진행한다.

2) 성경공부 시간은 반드시 가족과 의논하여 정한다.

3) 간단한 경건의 기도, 말씀, 나눔, 하나님의 인도하심을 위한 축복 기도의 순서로 진행한다.

4) 마지막 날은 가족 애찬식을 진행한다.

▶ 효과적인 설득 전략 2단계, 경험

새로운 방향으로 나아가는데 경험이라는 도구는 매우 중요하다. 어떤 과일이 맛이 있다 해도 안 먹어 본 사람은 그 과일을 사지 않는다. 그러나 그 과일의 단맛을 본 사람은 과일을 사는 데 주저하지 않게 된다. 마찬가지로 새로운 일을 계획하고 상대방의 동참을 설득하기 위해서는 분명한 명분과 가치의 제시와 더불어 생생한 경험이 매우 중요하다.

경험은 속도(speed)와도 밀접한 관계가 있다. 초행길 밤 운전은 매우 어렵다. 하지만 몇 번 지나 본 길이라면 운전자는 어둠 속에서도 필요에 따라 속도를 내서 달릴 수 있다. 경험은 새로운 비전에 추진 속도를 내는 중요한 요소인 것이다.

언젠가 시카고에서 경험했던 좋은 전도 프로그램을 한국에 계신 목사님에게 알려 드린 적이 있었다. 전화로 자세하게 설명하고, 문서로 방법을 적어드렸다. 시간이 얼마 지난 후 프로그램을 시도해 보셨는지 여쭤보니 실행하지 못하셨다고 했다. 보내준 프로그램의 설명이 이해는 되지만, 어디서 어떻게 시작해야 할지 모르겠다는 것이다. 그래서 다시 조언을 덧붙였다. "그러면 젊은 목사님들에게 알려 주셔서 하게 하시죠. 아마 잘할 수 있을 겁니다." 그랬더니 그 목사님 말씀하시기를 "그렇지 않아도 부목사님들에게 주었는데도 잘 이해하지 못해요. 그래서 그냥 시간도 없고, 못했죠."

그렇다. 경험이 없으면 그 상황이 잘 떠오르지 않는 것이다. 지도가 그려지지 않는 것이다. 어디서 출발해야 할지 어디로 가야 할지 감이 잡히지도 않는 것이다.

경험이 없으면 상상이 많아지는데, 문제는 부정적인 상상이 많이 떠오른다는 점이다. 특히 다른 사람이 제안한 새로운 일에는 긍정적 상상보다는 부정적 상상이 더 많이 떠오른다. 왜일까? 경험이 없는 상태에서는 새로움에 대한 두려움과 더불어 제안을 한 사람에 대한 선입견까지 작용하여 부정적인 생각과 태도가 자연스럽게 형성되기 때문이다. 그렇다면 어떻게 비전을 마음과 생각 속에 그림처럼 선명하게 그릴 수 있도록 경험시킬 수 있을까?

① 일대일로 경험시키는 것이다.

a. 공동체 내에서 함께 비전을 향해 나아갈 대상을 분류하라. 이들은 비전을 이루기 위해 함께 공동체를 설득할 수 있는 영향력 있는 사람들이다. 이들이 함께 비전을 이룰 수 있는 지원자(supporter)들이다.

b. 이들을 일대일로 만나라. 좋은 장소를 선택하여, 좋은 식사를 하라. 그리고 침착하게 공동체 비전을 나누라. 이 일에 있어서 당신의 참여가 절대적으로 필요함과 중요함을 알게 하라. 믿음 생활에 얼마나 소중한 가치가 있는 것인가를 알게 하라.

c. 목표한 비전을 어느 정도 경험할 수 있는 외부 모델이나

행사에 파견하여 경험시키라. 우리 속담에 '한번 보는 것이 백 번 듣는 것보다 낫다'는 말이 있다. 경험은 비전의 가치와 방향을 그려내게 한다. 이를 위해 재정적으로 50~100% 지원하는 것이 바람직하다. 그렇게 함으로 이 일이 그만큼 가치가 있는 일임을 느끼게 한다.

d. 다시 평가하고 비전을 나누라. 경험은 잠시뿐이다. 따라서 모델 경험이 생생할 때, 리더는 비전이 잘 그려지고 개발되도록 도와주어야 한다. 리더는 그들과 우리 현실에서 어떻게 이 비전을 가꾸어 나가야 할지 의견을 나누면서 구체적으로 키 리더(key leader), 즉 책임자가 되도록 세워가야 한다.

e. 비전 그룹들과 함께 큐티(QT) 모임을 가지라. 함께 신앙이 공유될 때 같은 비전을 향해 갈 수 있게 된다. 이때 시간은 큐티와 나눔으로 반반 할애하는 것이 좋다.

② 공동체를 경험시키는 것이다.
a. 강사 초빙

공동체를 경험시키는 가장 쉽고 좋은 방법은 강사를 초빙하는 것이다. 공동체가 지향하는 모델을 이미 실행하고 있는 강사의 경험과 방향성은 리더의 계획이 어떤 것인지 공동체가 함께 그려낼 수 있도록 간접 경험을 하게 한다. 일회성보다는 적어도 2-3회, 혹은 2박 3일 동안 강의나 나눔을 진행하면 더욱 효과적이다.

b. 간증

간증은 외부 모델 그룹 혹은 행사에 참여했던 참여자가 소수 핵심 리더들에게 먼저 하는 것이 좋다. 그 후 다수 혹은 전체 그룹원들에게 그룹의 비전을 나누도록 한다. 리더가 해도 좋다. 그렇지만 그룹원들 가운데 영향력이 있는 사람의 간증을 통해 우리 그룹이 나아가길 원하는 방향을 나눌 때 공동체가 하나라는 느낌을 더 많이 받는다. 그리고 리더의 견해에 더 많은 무게를 실어 주게 된다. 더 나아가 간증자는 리더의 비전을 확실하게 알게 되었기 때문에 간증자 자신이 더 강하게 헌신하는 키 리더(key leader)가 된다. 이후에 리더는 공동체와 비전을 더욱 세밀하게 나누는 것이 좋다.

c. 외부 모델 참여

간증을 들은 이후 리더는 비전 협력팀을 만들어 외부 모델에 직접 참여한다. 참가자 중에서 팀장을 세우고, 비전을 함께 이루어 나갈 또 다른 구성원들과 함께 다시 외부 모델 행사에 참여 하는 것이다. 이를 통해 리더의 비전을 함께 이루어 나갈 수 있는 경험 있는 사람들로 팀이 자연스럽게 구성된다.

▶ 효과적인 설득 전략 3단계, 구체적 실행계획

비전은 구체적인 실행계획을 통해 그 설득력이 더욱 높아진다. 구체적인 단계별 실행계획은 그룹원들에게 리더의 계획에 보다 구체적인 가능성과 성공에 대한 확신을 가져다주기 때문이다. 리더가 마음만 앞서고 전체적인 흐름과 구체적인 계획을 갖지 못하면 결국 실행으로 옮기지 못한다. 그렇기 때문에 리더는 구체적인 실행계획을 반드시 준비해야 한다.

리더는 비전을 어떻게 체계적으로 실행해 나갈 것인지 그 계획과 일정(time line)을 제시해야 한다. 그리고 인적 자원 공급 방법과 물적 자원 충당 계획도 제시해야 한다. 동시에 이러한 비전 운영 흐름을 따르면 앞으로 공동체가 어떠한 영적 그림 가운데 있게 될지 상상할 수 있도록 해야 한다. 구체적인 인적, 물적, 영적 그림이 없이 어떻게 리더의 비전을 함께 이루어 나가도록 그룹원들을 설득할 수 있겠는가? 설득은 결코 쉽지 않다. 그러기에 리더는 비전 실행에 들어가기 전에 작은 계획이라 할지라도 공동체를 설득하기 위한 구체적인 준비에 시간과 정성을 투자해야 한다.

그리고 여기서 멈추어서는 안 된다. 한 단계 더 나아가야 한다. 리더는 비전을 실행하는 과정과 더불어 그 이후 성취될 우리 공동체의 모양에 대한 그림을 그려 주어야 한다. 비전이 이루어지면서 그 다음 우리 공동체가 어디로 어떻게 나아가게 될지 까지 보여주는 것이다. 예를 들어보자. 교회의 행사 중 빠지지 않는 것이 구도자(seeker)를 초청하는 전도 행사다. 행사명이 총동원 주일이든, 초청 주일이든, 마을 잔치이든, 교회는 새가족 초청을 위해 다양한 행사를 계획한다. 그리고 홍보와 예산, 인력, 예배와 설교, 찬양 등 초청할 대상들에게 집중한다. 그런데 정작 이들이 교회에 온 이후 이들을 위한 후속 프로그램이 준비되어 있지 않은 경우를 종종 보게 된다. 그런 면에서 리더는 실행 계획을 비전을 이루는 범위까지만 기획하는 것이 아니라, 그 이후 어떻게 이어질지 후속(follow-up) 그림까지 계획하고 이를 제시해야 한다.

이를 통해 공동체 구성원들은 리더의 비전이 실현 가능한 계획임을 느끼게 되고, 그 사역에 함께 참여하기를 원하게 된다. 더불어 내가 어느 부분에서 헌신할지 섬김의 자리를 찾게 되고, 전체 그림 중 어느 정도에 와 있는지 파악할 수 있게 된다. 그렇게 될 때 공동체는 방향을 잃지 않고 지속적 헌신과 동시에 영적 성장을 이루게 된다.

▸ 효과적인 설득 전략 4단계, 지속적인 설득

비전은 한번 제시하고 마는 것이 아니다. 다양한 측면에서 중요성과 가치를 지속적으로 나누어야 한다. 지속적인 설득은 리더의 소명에 확실성을 더해 주기 때문이다.

한 번은 교회에서 많은 사역을 감당하던 자매가 전도와 구도자 사역을 하고 싶다고 요청해왔다. 하지만 현실적으로 그동안 그 자매가 해 왔던 사역을 대신할 사람이 없었기에 시간을 좀 달라고 했다. 몇 주 후 자매는 다시 와서 성령님이 자신에게 주시는 구도자를 향한 인도하심에 대해 이야기했고, 결국 교회는 그녀의 열정과 확신을 보며 구도자를 위한 소그룹 사역을 맡겼다. 그 자매는 누구보다 열심히 사역을 했고, 교회와 목회팀은 그를 전폭적으로 지원해 주었다. 자매의 열정과 지속적 설득은 자신의 비전 성취를 넘어 교회 공동체 내의 좋은 동역자들까지도 얻게 한 것이다.

이처럼 비전을 실행으로 옮기기에 쉽지 않은 현실적 여건 속에서도 비전을 향한 지속적 설득의 리더십은 어디서 나오는가?

① 묵상과 기도를 통한 소명의 지속적 확인

말씀 묵상과 기도 속에서 재차 하나님의 소원을 확인하는 것이다. 이를 통해서 흔들림 없이 일관성 있게 설득해 나아갈 힘과 용기가 생기게 된다. 그렇지 않으면 상황이 어려울 때마다 리더의 마음이 흔들리게 된다. 비전은 방향을 잃게 되고, 급기야는 없었던 일로 돌아가게 되기도 한다. 이유가 어디 있는가? 리더의 분명한 소명 부족이 원인이다. 어려운 상황에서도 흔들리지 않는 설득은 리더의 분명한 소명과 직결되어 있다.

② 낙심치 않는 지혜

"선을 행하다가 낙심치 말지니(살후 3:13)"라고 하신 말씀대로 리더는 그룹원들의 반대 속에서도 낙심하지 않는 여유 있는 믿음과 확신이 필요하다. 반대를 두려워하지 마라. 누구든지 처음 시도에는 불안이 있음을 기억하면서, 상대가 소극적이고 부정적으로 응답할 수 있음을 기억하라. 비전은 새로운 길이기에 변화에 대한 두려움과 부딪히는 것은 지극히 자연스러운 것이다. 중요한 것은 이러한 갈등을 어떻게 다루는가이다. 반대자를 미워하지 마라. 그들은 리더가 가진 비전의 가치와 중요성을 잘 알지 못한다. 이는 오히려 리더에게 비전의 중요성과 가치를 설득할 시간이 좀 더 필요함을 알려주는 신호다. 그러기에 리더는 비전에 대한 소명, 중요성, 가치를 알리고, 그 비전을 이루기 위해서는 그들의 도움과 기도가 절실히 필요함을 계속 설득해야 한다. 그들을 하나님 나라를 위한 동역자로 지혜롭게 양육하라. 간절함은 사람의 마음에 감동을 가져온다.

리더에게 가장 중요한 요청은 비전이다. 인터뷰에서 가장 중요하게 묻는 것 중 하나는 "당신의 비전이 무엇입니까?"라는 질문이다. 하지만 최근에는 비전만큼 중요한 것이 공동체 내에서 비전을 구체적으로 어떻게 실현해 나갈지에 대한 설득과정이다. "어떻게 그 비전을 이루어 가실 건가요?"

비전의 나눔과 설득의 과정은 비전을 만드는 과정만큼이나 중요하다. 리더는 비전을 세우는 만큼 설득을 위한 과정에도 시간과 열정을 들여야 한다.

04 역동적인 소그룹 인도 전략

　역동적인 소그룹을 인도하기 위해서는 리더의 지혜가 필요하다. 먼저 그룹원들이 무엇을 기대하며 소그룹에 참여하게 되었는지, 영적 수준은 어떠한지, 예수님을 영접한 사람은 누구이고 그렇지 않은 초신자는 누구인지 파악해야 한다. 그리고 그룹원들에게 적합한 환경을 창출하면서 소그룹으로 인도할 때 그곳은 역동적인 모임이 된다. 반대로 리더가 그룹원들을 잘 파악하지 못하여 균형을 맞추지 못해 초신자가 있음에도 불구하고 이미 잘 헌신하는 성도의 눈높이로 소그룹을 인도하면 초신자는 소외되고 결국엔 소그룹을 떠나게 될 것이다. 그렇기 때문에 소그룹을 역동적으로 인도하기 위해서는 리더의 역동적 소그룹 인도 전략이 필요한 것이다. 어떻게 하면 역동적인 소그룹을 만들 수 있을까? 14가지 전략과 지혜를 살펴보자.

▶ 소그룹의 첫 모임을 잡아라

- 연초에 시작되는 소그룹의 첫 모임을 잘 잡아야 한다. 첫 모임의 인상이 그룹원들로 하여금 앞으로 이 모임에 계속 참여할지 말지를 결정하는데 80%를 차지한다.

- 리더가 쑥스러워 해서는 안 된다. 다른 그룹원들도 첫 만남은 어색하다. 리더의 성격이 적극적인지 소극적인지는 상관없다. 그룹원들은 리더가 첫 만남의 어색함을 풀어주길 기대한다. 그러니 리더가 먼저 친근하고 밝은 모습으로 자연스럽게 대화의 문을 열어야 한다.

- 친절하면서도 적극적으로 밝게 환영을 하라.

- 매주 모임을 위해 기도하라. 그리고 만날 때마다 그동안 기도하고 기다렸음을 알려주라.

- 소그룹 모임에 처음 참석한 새가족은 매우 어색하다. 리더는 새가족을 소개하며 서로가 이름을 기억하도록 해야 한다. 그룹원이 많을 땐 한시적으로라도 새가족을 위해 명찰을 하는 것도 좋다. 하지만 가장 좋은 방법은 의도적으로 이름을 자주 불러주는 것이다. "아무개 성도님은 어떠세요?"

▶ 소그룹의 대화를 잘 인도하라

- 리더의 말은 전체 대화의 50%를 넘지 않도록 한다. 소그룹 리더의 책임은 그룹원들을 말씀 나눔으로 초대하는 것이다. 공동

체(community)는 com(함께)과 munitas(교제하다, 참여하다, 즐기다, 소유하다)라는 단어의 합성어이다. 결국 공동체는 함께 참여하는 것, 함께 즐기는 것, 함께 소유하는 곳이란 뜻이다. 그런 맥락에서 리더는 그룹원들이 함께 참여하고, 함께 즐기며, 함께 서로의 필요를 채워줄 수 있도록 성숙을 향해 이끌고 밀어주는 촉진자요 영향력인 것이다.

- 어느 누구도 소외되지 않고 대화가 골고루 이루어지도록 균형을 맞추어야 한다. 한 사람이 5분 이상 대화를 주도하지 않도록 하라. 물론 간증의 경우 길어질 수도 있지만, 너무 길어지고 있다는 생각이 든다면 지혜롭게 마무리하고 다른 사람의 차례로 이어지도록 하라

- 만약 한마디도 하지 않은 그룹원이 있다면 모임을 그냥 끝내지 마라. 마지막 순서로라도 "오늘 어떤 은혜를 받으셨어요?"라고 물어서 간단하더라도 자신의 삶을 나누도록 대화를 이끌도록 하라. 입이 열리면 마음이 열리고, 마음이 열리면 성령이 역사하신다.

- 대화 중 혼자서 너무 많은 이야기를 하거나 자신의 주장이 강한 사람이 분위기를 주도하려 할 때 리더는 자연스럽게 "다른 분의 생각은 어떠세요?"라고 질문하며 토론이 균형을 맞춰 흘러가도록 지혜롭게 조절해야 한다.

- 누군가 부정적이고 비판적인 대화로 분위기를 무겁게 할

경우, 리더는 이야기하는 당사자의 표면을 보지 말고 그 사람의 마음을 돌아보고 끌어안아 줘야 한다. 예를 들면 '어떻게 교인이 그럴 수 있지요?'와 같은 부정적인 대화이다. 이런 경우 대체적으로 마음의 상처에서 기인한 질문일 수 있기에, 리더가 그 상처를 보듬어 주는 것이 무엇보다도 중요하다. 그렇다고 해서 소그룹 모임의 전체적 분위기가 부정적이고 비판적으로 끝나게 해서는 안 된다. 따라서 리더는 "이런 비슷한 경우를 경험하신 분은 안 계신지요? 그때 어떻게 극복할 수 있었는지 누가 이야기해 주실 수 있는지요?"라고 하며 치유하시고 회복케 하시는 성령의 역사를 나누는 것이 매우 중요하다. 그리고 기도로 마무리 하라.

▶ 소그룹을 재미있게 운영하라

- 소그룹 모임을 무겁지 않도록 즐겁고 밝은 분위기로 이끄는 것이 좋다.
- 마음에 상처와 아픔이 있는 사람이 소그룹에 오면 마음이 밝아지고 평화를 경험할 수 있는 그리고 치유와 회복이 생겨나는 소그룹이 되게 하라.
- 아이스 브레이킹을 잘 준비하라. 가장 좋은 아이스 브레이킹은 함께 음식을 나누는 것이다. 파워 런치(power lunch)란 말이 있다. 점심 한 번 함께 먹으면 동역자가 된다는 말이다. 입이 열리면 마음이 열린다. 시작할 때 간단한 다과는 마음을 열고, 모임이

끝나고 나누는 다과는 즐거움이 된다.

- 가끔 모임 장소를 야외로 바꾸어 모이는 것도 좋다. 이런 것이 소그룹 모임의 장점이자 즐거움이다.

- 그룹원의 생일이나 기념일 같은 특별한 경우에는 부부 모임으로 확대하거나, 다른 사람을 초청하는 행사를 통해 전도로 이어지게 하라. 소그룹 모임이 역동성을 갖게 된다.

- 때때로 교회 행사나 봉사에 소그룹 이름으로 함께 참여하라. 섬김의 기쁨을 함께 누리게 되면 '우리 소그룹'이란 주인의식이 생긴다.

▶ 가르치려 하지 말고 아비/어미가 돼라

그리스도 안에서 일만 스승이 있으되 아비는 많지 아니하니(고전 4:15a)

- 학창 시절에 가장 기억에 남는 선생님이 누구인지 물어보면 대부분 사랑이 많았던 선생님을 이야기한다. 마찬가지다. 좋은 소그룹 리더는 지식이 아니라 사랑으로 품어주는 푸근한 리더다.
- 한 손에는 복음으로, 한 손에는 사랑으로 양육하라.
- 기도 많이 해주고, 기도 응답을 점검해 주님이 하셨음을 알게 하라.

- 만날 때마다 또 모일 때마다 밝은 얼굴로 환영하라.
- 아파하고 괴로워할 때 함께 아파해 주는 리더가 되라.

▶ 일을 위해 사람을 희생시키지 마라

기업의 목적이 이윤 추구라면 교회 신앙공동체 사역의 목적은 사람을 살리는 것이다. 세상에서는 직원이 기업에 더 이상 가치가 없다고 판단되면 해고한다. 반대로 신앙공동체에서는 소외되고 절망한 사람을 찾아가 복음을 전하고 회복시키는 일을 한다. 이것이 세상의 기업과 교회 신앙공동체의 차이다. 소그룹 사역은 사람을 구원하고 회복시키기 위해서 있는 것이다. 하나님은 사람을 통해 일하신다. 그러기에 사역을 우선하여 사람을 희생시키면 하나님의 역사를 가로막는 실수를 범할 수 있다. 사람을 살리면 사역은 되어지는 것이다.

▶ 소그룹 운영을 영적 은사에 따라서 역할을 분담하라

은사에 따라 일을 맡겨보라. 각자 맡은 사역이 있을 때 소그룹이 재미있고 역동성이 생긴다. 무슨 일이든지 10%씩 일을 맡겨보라. 잘하면 20%로 늘려가라. 사역을 잘 감당한다면 사역 범위를 넓혀 40%, 50% 맡겨주고 권한과 책임도 부여하라. 사역의 확대와 역할 분담, 책임성의 부여를 통해서 차기 리더로 발전하게 될 것이다.

▲ 새가족이 소그룹 친교의 기준이다

- 소그룹에는 언제나 새로 참여한 그룹원과 오랫동안 함께 해온 그룹원이 있기 마련이다. 친한 사람끼리만 어울리면 새가족이 소외될 수 있다. 리더는 그룹원들 교제의 중심이 새가족이 되게 하고, 구성원 전체가 하나가 되도록 관심을 가져야 한다.

- 소그룹 내에서는 언니, 형과 같은 용어를 사용하지 말아야 한다. 언니, 형이라는 용어를 쓰는 순간 다른 그룹원은 거리감을 느끼게 되고 소외된다. 형제자매 혹은 집사님과 같은 직분으로 부르는 것이 새가족을 소외시키지 않는 방법이다.

▲ 리더는 그룹원의 신앙 모델이다

어린아이에게 성장 모델은 어머니다. 학생에게 모델은 선생님이다. 소그룹 리더는 그룹원들의 신앙 모델이다. 리더의 기도 내용이 그룹원들의 기도 내용이 된다. 리더의 성경 통독과 묵상 모습이 그룹원들의 신앙 내용이 된다

▲ 소그룹 운영에 문제가 있을 때는 지도자와 의논하라

리더로 섬기면서 갈등과 어려움이 생길 때 소그룹 조직상 상급 리더에게 자문과 기도를 요청해야 한다. 소그룹 내에서 발생하는 문제는 비슷비슷하다. 그러기에 상급 리더와의 상담을 통해 동역자의 경험적 지혜를 얻을 수 있게 된다. 또 전체적이고 장

기적인 안목에서 소그룹을 운영할 수 있는 영감을 얻을 수도 있다. 무엇보다도 기도 지원을 통해 하나님의 간섭하심과 도우심을 경험하게 된다.

▶ 성서의 지도력은 종의 리더십이다

소그룹 리더에게 카리스마적인 독재의 권위 리더십이 필요한 것은 아니다. 리더는 섬김을 통하여 그룹원들이 하나님의 은혜를 풍성히 받을 수 있는 길을 열어주는 역할임을 명심해야 한다. 그리스도인은 예수님을 따라가는 제자이다. 예수님을 닮아가는 자들인 것이다.

예수님의 삶은 어떠했나? 예수님은 하나님과 동등한 분이셨지만, 결코 하늘 보좌의 자리에 있기를 원하지 않으셨다. 오히려 의도적으로 높은 자리를 버리고 낮은 자리로 오셨다. 사람의 모습으로 이 땅에 오시고 종과 같이 겸손한 모습을 취하셨다. 날마다 스스로 낮은 자가 되려 하셨고, 목숨까지도 버리시면서 다른 사람을 구원하시기 위해 사랑으로 십자가를 지셨다. 이런 예수님을 닮아가고자 노력하는 곳이 바로 예수 공동체다. 그러기에 바울은 복음에 합당한 태도는 바로 종의 리더십임을 말하면서(빌1:27), 빌립보 교회 성도들에게 예수 그리스도의 마음을 품으라고 권면했던 것이다.

⁵너희 안에 이 마음을 품으라 곧 그리스도 예수의 마음이니 ⁶그는 근본 하나님의 본체시나 하나님과 동등됨을 취할 것으로 여기지 아니하시고 ⁷오히려 자기를 비워 종 형체를 가지사 사람들과 같이 되셨고 ⁸사람의 모양으로 나타나사 자기를 낮추시고 죽기까지 복종하셨으니 곧 십자가에 죽으심이라(빌2:5-8)

▸ 존칭 언어를 사용하라

어떤 언어를 사용하느냐에 따라서 사람의 마음이 열리기도 하고 닫히기도 한다. 가까운 사람이라 할지라도 소그룹 안에서는 높임말을 사용하는 것이 좋다. 존칭어는 상대방의 자존감을 높여 줄 뿐 아니라, 소통에 있어 수용 능력과 공감 능력을 증가시킨다. 존칭어에는 사람의 마음을 열고 치유하는 능력도 있다. 또한 공동체가 사랑으로 하나 되도록 팀워크를 향상시킬 뿐 아니라 함께 섬길 수 있는 동력까지 이끌어낸다. 반면에 반말은 상대방을 낮추거나 비하할 수 있는 위험을 지닐 뿐 아니라, 그 말을 듣는 주변 사람에게도 불필요한 경계심을 갖게 만든다. 반말은 소그룹 내에 권위주의적 체계를 만들어 서열을 생기게 하며, 새로 참여한 그룹원들에게 소외감을 준다. 말에는 상황을 바꾸는 능력이 있기 때문이다.

하나님은 천지를 말씀으로 창조하셨다(창1:1-30). 그래서 사도 요한은 말씀이 곧 하나님이시라고 선언했던 것이다(요1:1-4). 인간은 하나님의 형상으로 창조되었다. 그래서 우리의 말에 창조의 권세와 만물을 다스리는 힘이 주어졌다. 예수님은 우리의 말 한마디로 산을 옮길 수도 있다고 말씀하셨다(마17:20). 바울은 말의 선포에 구원으로 이끄는 능력(롬10:8-10)이 있다고 했고, 야고보는 말을 불이라(약3:6)했다. 말 한마디로 사람을 죽이기도 하고 살리기도 한다. 잠언에도 사람의 죽고 사는 것이 혀의 권세에 달렸다고 되어있다(잠18:21). 말 한마디에 천 냥 빚을 갚는다는 속담이 그냥 나온 말이 아니다.

▶ 매달 마지막 주는 '전도 소그룹'으로 운영하라

소그룹의 역동성은 영혼 구원에 있다. 오랫동안 함께한 소그룹은 모든 것에 익숙해져서 영적 도전이 약화될 수 있다. 그러기에 전도를 통한 성장은 필수적이다. 이를 위해서는 소그룹의 분명한 성장 목표 수치가 필요하다. 예를 들면 '올해 5명 전도하기!' 등이다. 매달 첫째 주는 소그룹 모임 후 부진신자 심방을 하고, 넷째 주에는 1명씩 초대하는 소그룹 모임으로 계획하라. 전반기에 한번, 후반기에 한번씩 소그룹 전도 축제를 하라. 제자 양육에서 가장 중요한 것은 리더의 의도(intention)이다. 리더의 의도적인 성장 비전이 없을 경우 그 소그룹에서는 새로운 리더가 일어나지 않는다. 전도도 마찬가지다. 전도에 대한 리더의 의도와 목표가 분명할 때 역동적인 전도 소그룹으로 성장할 수 있게 된다.

▶ 모임 시간을 균형 있게 운영하라

시작 시간을 지켜야 한다. 시작 시간을 지키지 않으면 리더와 소그룹 모임 자체에 대한 신뢰성을 잃을 수 있다. 또 모임 시간이 늘어지지 않게 해야 하는데, 아무리 좋은 모임이라도 예고 없이 늦어지면 이후에 약속이 있는 그룹원은 애가 타게 된다. 그러다 보면 모임 후 일정이 있는 경우 늦게 끝날 것을 염려해 소그룹에 참여하지 않게 된다. 소그룹 모임은 기본적으로 식사를 포함해 2시간 정도가 적당하다.

▶ 참여하지 못한 소그룹 회원을 심방하라

모임에 참여하지 못한 회원이 있으면 처음엔 전화로 안부를 묻는 것이 좋다. 두 번 이상 참여하지 못했을 경우엔 리더와 부리더가 함께 찾아가 심방을 하라. 한 달 이상 참여하지 못한 회원일 경우에는 커피나 빵과 같은 부담 없는 선물을 준비해서 심방하고, 사랑의 안부도 나누고 축복의 기도도 하고 돌아오는 것이 좋다. 더 나아가 오랫동안 참여하지 못한 그룹원들을 위해서 식사 모임이나 야유회 등 의도적인 친교 모임을 만들어 영적 연결 고리를 자주 창조해야 한다. 절대 포기해서는 안 된다. 때가 되면 하나님이 열매 맺어 함께 소그룹에 참여하게 될 것이다.

05 균형 잡힌 **영성**과 **영적** 멘토링

하나님이 인간을 창조하실 때 인간에게 영(Spirit)만 주시지 않았다. 영과 더불어 육체(Body)와 마음(Heart)도 주셨다. 그래서 영과 관계된 부분을 영적인 차원(Spiritual dimension)이라 부르고, 육체와 관계된 부분을 육체적 차원(Physical dimension), 마음/감정과 관계된 부분을 감정적 차원(Emotional dimension)이라 한다. 이 세 가지 차원은 각각 다른 역할을 하지만 매우 밀접하게 연관되어 있다. 그래서 서로에게 긴밀하게 영향을 미친다.

예를 들어 영적인 차원을 보자면, 우리가 주님의 은혜와 사랑을 경험하여 거듭나면 날아갈 것 같은 기쁨과 감격, 용서와 사랑의 감정적 차원을 경험한다. 동시에 함께하시는 주님으로 인해 발걸음이 가벼워지는 육체적 차원의 변화도 느끼게 된다.

육체적 차원을 보라. 병이 들어 몸이 약해지면 감정적으로도 쳐지게 된다. 하루 종일 일하느라 육체가 지치면 교회에서 아무리 좋은 집회가 있다 해도 나중으로 미루고 싶어진다. 또 참여한다 해도 졸거나, 설교가 길게 느껴져 영적인 차원 역시 쳐지게 된다.

감정적 차원도 마찬가지다. 예배를 통해 은혜를 받았지만, 예배 후 회의 때 누군가와 의견이 달라 감정적으로 대립하게 되면 영적인 차원의 시험에 들게 된다. 그래서 그날 받은 은혜를 다 잃어버리기도 한다. 뿐만 아니라 육체적 차원으로도 신경을 써서 소화가 안 되거나 혈압이 오르기도 한다.

이처럼 영적인 차원과 육체적 차원 그리고 감정적인 차원은 매우 밀접하게 연관되어 있기 때문에 이 중 어느 하나도 소홀히 여겨서는 안 된다. 건강하고 균형 있게 잘 경영하여야 한다. 이것이 하나님이 인간을 창조하신 원리이기 때문이다. 세 가지 차원의 영성이 균형(balance)을 이룰 때 리더의 탈진이나 영적 위기 없이 지속적인 영적 성장과 영적 재생산이 잘 이루어질 수 있다.

▎세 가지 차원의 멘토링 원리를 적용하라

유학 시절 교회에서 소그룹을 섬기던 자매에게서 전화를 받은 적이 있다. 그 자매는 이렇게 이야기했다. "그 사람이 정말 싫어졌어요. 복음을 전하고 싶어 지속적으로 도와주고 필요한 것을 나누어 주었는데, 그 사람은 끊임없이 저를 이용만 합니다. 이제는 그 사람이 부담스러워 자꾸 피하게 돼요. 피하고 미워하면 안 되는데, 그런데 이미 그렇게 되었으니 이제 어떻게 하지요?"

전화 너머 들리는 자매의 목소리는 섬기다가 지쳐버린 자신을 한심하게 생각하면서, 한편으로는 철면피같이 양심 없는 그 사람에게 질려있었다. 게다가 그리스도인으로서 착해야하고, 섬겨야 할 일은 많고, 복음은 전해야 한다는 의무감 때문에 답답하고 억눌린 마음이 담겨 있었다.

이런 경우는 비단 이 자매만의 경험은 아니다. 열정을 가지고 이웃에게 복음을 전하다가 오히려 그 사람에게 실망하고 상처 입어 주저앉는 그리스도인이 많이 있다. 한 사람을 주님께로 인도하는 일은 쉽지 않다. 구원을 위해 섬기고 나누는 것이 얼마나 어려운 일인지 모른다. 그래서 바울도 권면하기를 "선을 행하다가 낙심하지 말지니(갈6:9)"라고 했던 것이다.

① 현실 진단

자매는 전도의 목적으로 그리스도인의 사랑과 나눔을 실천하며 상대방을 지속적으로 섬겨 왔다. 얼마나 아름다운 그리스도인의 모습인가! 주님의 은총을 경험한 그리스도인이라면 누구나 되고 싶은 모습 중 하나일 것이다. 그런데 문제는 상대방이다. 이 자매의 마음을 이해해 주지 못하는 것이다. 아니 어쩌면 자매의 마음을 훨씬 전부터 알고 있었을지도 모른다. 그러면서 그 자매를 이용하고 있는지도 모르겠다.

진단을 내리자면, 마틴 부버의 이야기처럼 자매는 상대방과 인격적 관계(I-Thou)가 아닌 이용의 관계(I-It)가 되어 개인적으로 낙심하게 된 상태이다. 그동안 쌓아 놓은 관계도 무너지고 오히려 미움까지 생겼다. 이런 상태의 자매에게 어떤 영적 멘토링을 주면 좋을까?

② 해결 방안

감정적 차원의 쉼을 갖게 해야 한다. 자매는 무엇보다도 감정적 차원이 많이 침체된 상태이다. 감정적 차원의 탈진이 상대방에게 더 이상 도움과 나눔을 주고 싶지 않도록 피곤과 지침(육체적 차원) 그리고 무의미함을 느끼도록 만들었다, 심지어는 자신의 선한 의도를 악용하는 것에 미움으로 반응(영적인 측면)하게 되었다.

따라서 자매는 전도 대상자와의 관계회복을 위해 의무적으로 노력하기보다는 자매 개인의 감정적 차원의 쉼이 필요하다. 관계회복은 내가 먼저 회복될 때 가능한 것이기 때문이다. 다시 관계가 회복된 것처럼 보이려 노력해도 내가 회복되지 않은 채 시도하는 외면적 관계의 회복은 더 깊은 상처를 두 사람 관계에 가져올 수 있다. 이런 외면적 노력은 사탄의 속임수일 수 있다. 이것은 성령의 거룩한 부담이 아니다. 그리스도인은 착해야 하고, 관계가 좋아야 하고, 용서해야 한다는 의무감으로 압박하여 결국 깨지고 무너뜨리도록 하는 사탄의 전략인 것이다. 성령이 주시는 마음은 속에서 우러나오는 근본적인 자유함과 억눌림 없는 사랑이지 가식적인 관계회복이 아니다. 상대방도 안다. 사람은 영적인 존재이어서 말하지 않아도 영으로 느끼는 경우가 많다.

그러니 내 마음이 먼저 회복될 때까지 일단 쉬어야 한다. 성령께서 내 상한 감정을 치유하시기 시작할 것이다. 주님은 우리의 중심까지 이미 다 알고 계신다. 주님이 우리의 탈진과 상함을 만지신다. 하나님은 사랑의 하나님이시다. 걱정하지 말고 푹 쉬어야 한다. 그리고 아픈 가슴, 상한 감정 그대로 주님께 기도하라. 내 마음이 회복될 때까지 주님 앞에 머물러야 한다. 성령님이 자매의 상한 감정을 치유하실 뿐 아니라 자유하게 하시고, 한층 더 그리스도 안에서 더욱 성숙하도록 이끄실 것이다.

더 나아가 성령님은 이 기회를 더 귀하게 사용하실 것이다. 이제껏 이 자매의 사랑과 섬김을 이용했던 상대방도 때가 되면 성령님이 마음을 여시고 자매의 진정한 사랑과 섬김에 감동되어 주님을 영접하도록 하실 것이다. 그리고 자매를 이전보다 더 귀하게 대하도록 만드실 것이다.

육체적 차원의 쉼은 감정적 차원과 영적 차원까지 회복시키는 일에 도움을 준다. 그러기에 예수님은 우리들이 하나님을 사랑할 때에 "네 마음(감정적 차원: heart)을 다하고 정성(영적인 측면: soul)을 다하고 뜻(육체적 차원: mind)을 다하여 주 너의 하나님을 사랑하라(마22:37)"하시며 창조의 세 가지 차원 모두가 중요함을 가르쳐 주신 것이다.

MEMORY

주님을 사랑하는 우리의 열정이나 혹은 주님을 위한 우리의 섬김에 이상이 생겼는가?

1. 창조의 세 가지 차원 즉 영적인 차원, 육체적 차원, 감정적 차원의 균형을 체크해보라.
2. 어느 차원의 문제인지 근본적 원인을 진단하라.
3. 어떻게 문제되는 차원의 균형을 맞출 수 있을지 판단하라.
4. 문제를 놓고 기도하고 하나님을 신뢰하라.

06 삶을 변화시키는 소그룹 나눔 이끌기

소그룹 모임에서 말씀을 함께 보고 의견을 나누는 시간은 성경에 관한 보편적인 이론과 지식이 우리 삶에 구체적으로 적용되는 순간이라 할 수 있다. 단순하고 명확한 진리 지식이 우리의 삶에 내재화(internalize)되도록 하는 중요한 순간이다. 이런 시간을 통해서 하나님에 관한 말씀(Knowing about God)이 육신(Knowing God)이 된다. 이전에는 제3자의 입장에서 수동적으로 듣기만 하던 하나님의 말씀이 내 삶, 내 신앙, 나의 결단, 내 가치관으로 변화되는 것이다.

▶ 삶을 변화시키는 역동적 리더십, '영성'

'가장 훌륭한 소그룹 나눔 진행 방법은 바로 이것이다'라고 특정 모델을 제시할 수는 없다. 어떤 스타일이든 각기 나름대로 장단점이 있기 때문이다. 사실 설교도 그렇다. 무엇이 설교의 정석인지 이야기하기 쉽지 않다. 설교 후 성도들이 은혜 받은 부분을 들어보면 어떤 사람은 예화에서, 어떤 사람은 설교와 전혀 상관없는 설교자의 제스처에서, 어떤 사람은 설교에서 주어지는 정보 속에서, 어떤 사람은 설교에서 제기된 도전에서 은혜를 받는다. 이처럼 은혜 받는 포인트는 사람에 따라 참으로 다양하다. 그렇다면 어떠한 원리와 기준을 가지고 소그룹 말씀 나눔의 방법에 대해 '이상적이다'와 '아니다'로 평가할 수 있을 것인가? 그 기준은 바로 영성(spirituality)이다.

> 그리스도 안에서 하늘에 속한 모든 신령한(spiritual) 복을 우리에게 주시되(엡1:3b)

> 너희 몸을 하나님이 기뻐하시는 거룩한 산 제물로 드리라 이는 너희가 드릴 영적(spiritual) 예배니라(롬12:1b)

기독교 영성이란?

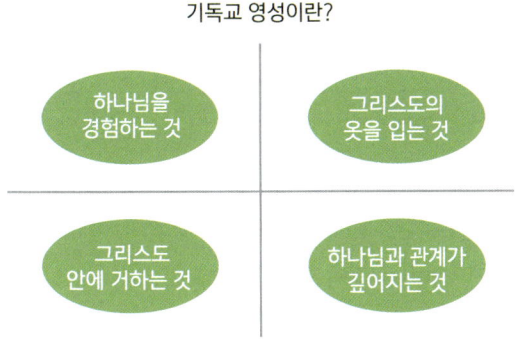

영성이란 하나님을 경험하는 것(experienc) 그리고 그리스도 안에 거하는 것(in Christ)이요 예수님을 닮는 것이다. 어떤 학자는 이것을 그리스도의 옷을 입는 것(Christ-ening)이라 했다. 신앙공동체, 즉 소그룹이 지향하고 있는 분명한 목표는 영적인 성숙, 영적인 도전을 통한 영적 변화요 하나님께 가까이 나아가는 것이요 그 관계가 깊어지는 것(relationship)이다.

그러기에 소그룹에서 이루어지는 나눔을 통하여 그룹원들이 영적인 진리를 발견하지 못한다거나 영적인 도전을 받지 못하여 "믿음의 진보(빌1:25)"가 일어나지 않는다면, 그것은 삶을 변화시키는 다이나믹한 나눔이라 할 수 없다. 그러한 기능을 못하는 소그룹은 신앙공동체의 정체성을 상실했다고 보아야 한다. 왜냐하면 사람들이 신앙공동체에 참여하는 이유는 영적 진리에 대한 발견과 영적 성숙, 영적 도전 그리고 영적 변화를 위해서이기 때문이다.

단순한 사귐과 재미를 위해 교회에 온 경우는 사실상 지극히 적다. 공동체의 사귐과 재미의 측면에서 보면 교회의 모임이 결코 세상에서의 모임을 따라갈 수 없다. 만약 재미와 즐거움만 추구하는 사람의 경우 어디선가 더 흥미로운 모임이 생겼다는 소문을 듣게 되면 그는 주저하지 않고 그곳으로 떠날 것이다. 하지만 세상적인 재미나 즐거움이 없더라도 교회 소그룹을 선택한 사람의 경우는 신앙공동체만이 지닌 신비 곧 영성의 맛, 진리의 맛 때문인 것이다. 그런 영적 즐거움이 그룹원들로 하여금 세상적인 즐거움이 없음에도 자기 시간의 우선순위를 신앙공동체에 두게 만든 것이다. 그렇기에 역동적인 나눔의 기준은 영성이 되어야 한다.

어떻게 하면 영적 성장이 일어나는 역동적 나눔을 할 수 있을까? 소그룹의 나눔과 영성 개발은 어떤 관계가 있는 것일까?

성령의 역사가 일어나는 나눔

소그룹 내에서의 영성은 말씀의 나눔 속에서 구체적으로 개발되어 진다. 왜냐하면 소그룹 나눔 가운데 우리의 갈등과 아픔, 죄의 현실이 드러나고 우리의 진실한 신앙 고백에서 성령의 역사가 일어나기 때문이다.

나눔을 통해 말씀과 만나면 그동안 우리를 둘러싸고 있던 체면, 가식과 같은 것들이 벗겨진다. 그리고 감추어져 있던 '나'라는 존재(being)가 언어와 감정으로 드러나게 된다. 실로 '내가 하는 표현'이 얼마나 놀라운 변화의 능력을 가지고 있는지 모른다.

하나님은 말씀으로 세상을 창조하셨다. 마찬가지로 하나님은 우리들의 언어에 하나님의 창조 능력을 부여해 주셨다. 하나님은 아담과 하와에게 피조물들의 이름을 짓도록 하셨고 그 명령 그대로 그렇게 되게 하셨다. 반면 잘못된 언어 표현은 잘못된 결과를 일으키는 불씨가 되게도 하셨다(사30:27; 약3:5-8). 결국 인간의 표현은 변화를 일으키는 하나님의 능력의 도구이다. 소그룹에서 나누는 고백에 그러한 영적 변화가 일어나는 것은 당연한 것이다.

바울은 로마서에서 고백이 우리로 구원을 받게 하는 능력임을 증언했다. "사람이 마음으로 믿어 하나님께 의롭다 인정을 받고 입으로 고백하여 구원을 받게 되는 것입니다.(롬10:9-10/ 현대인의 성경, cf.마10:32; 요9:22; 요일2:23, 4:2)"

나눔 시간은 그룹원들이 객관적인 참여자에서 주관적이고 능동적인 하나님 앞에서의 주체자로 변화를 일으키도록 만드는 다리요, 자신을 드러내는 고백의 순간이다. 말씀에 대한 자신의 의견, 경험, 상처와 의심, 감격을 표현할 때 성령의 치유와 새롭게 하심 그리고 세우시는 역사가 임하는 것이다.

▶ 인격적 관계성이 개발되는 나눔

더 나아가 말씀의 나눔은 그룹원들끼리 보다 깊고도 인격적인 관계성을 형성(relationship build-up)한다. 일반적으로 그룹원들이 친밀하지 못한 경우는 성경의 지식이나 질문에 대한 정답만 이야기할 때이다. 사실 정답을 말하고 나면 다른 이야기를 할 여지가 없다. 게다가 정답을 찾은 후에 다른 결과도 파생되는데 그룹원 중 누군가가 답을 모르거나, 답을 잘 찾아내지 못하는 사람들은 소외감을 갖는다는 사실이다. 혹은 정답을 말한 사람보다 자신이 못난 것만 같아 스스로 왜소하게 여기거나, 부끄러움을 느낀다. 이러한 경향은 자존심이 강한 사람들에게 더 많이 일어난다. 그들은 부끄러움을 피해 바쁘다는 핑계로 소그룹에 나오지 않기도 한다.

반대로 나눔에 참여하며 자신의 이야기를 고백할 때 그는 자신이 소그룹의 일원임을 더욱 강하게 느낀다. 또 자신이 소그룹에서 중요한 역할을 하고 있는 존재라는 자부심도 갖게 된다. 더 나아가 자신의 고백은 다른 그룹원들에게 자신을 이해시키게 만들고 그들과 더욱 친밀하게도 만든다. 자신의 답답한 심정을, 아픈 상처를, 날마다 주님께 더 가까이 가려는 사모하는 마음 등등을 그룹원들이 알게 되면서 그들로부터 영적, 육적 격려를 얻게 된다. 위로를 얻게 된다. 함께 기도하게 된다. 자신과 같은 고민을 하는 형제자매들도 만나게 된다. 고민 가운데 그들의 문제는 어떻게 해결 되었는지, 주님이 어떻게 그 문제들을 인도하셨는지 등 간접 경험적 지혜도 생기고, 성령의 인도하심도 깨닫게 된다. 그러면서 그룹원들이 나와 상관없는 사람들이 아니라 바로 나의 이웃이요, 가족이요, 내 옆에 있는 실질적인 도움 그 자체임을 알게 된다. 그룹원들은 더욱 인격적이고 깊은 관계를 형성하게 되고 영적으로 더욱 성숙한 자리로 나아가게 된다.

▶ 나눔을 진행하는 7가지 유형들

언젠가 셀 그룹(cell group) 리더들을 대상으로 열린 2박 3일 세미나를 인도한 적이 있었다. 세미나는 리더의 역할과 자세, 그룹 내의 영적 전환 계획, 영적 은사를 통한 그룹 인도 운영과 선교 전략에 관한 내용 등 주로 리더의 역할과 효과적인 소그룹 운영에 관한 내용이었다. 각 세미나는 40분 강의, 30분 워크숍, 20분 질문과 토의로 총 1시간 30분 동안 진행되었다. 워크숍 시간에는 4가지 주제로 토의했고, 5명씩 묶어 한 명을 토의 리더로 세웠다. 같은 방법으로 2박 3일 동안 리더를 바꾸면서 토의를 진행하였다. 나는 이 그룹 저 그룹을 방문하면서 그들의 모습을 볼 수 있었고, 나눔을 이끄는 리더들의 다양한 유형 또한 확인할 수 있었다.

첫 번째 유형은 핵심 체크 스타일이다. 마치 시험 전날 답만 콕콕 집어주는 '파이널 족집게 수업'처럼 리더는 핵심을 짚어가며 신속하게 토의를 진행하였다. 얼마나 신속하게 답을 정리했는지 모든 질문을 다 대답하고도 시간이 10분이나 남았다. 너무 일찍 끝나 그룹원들끼리 할 말이 없어 서먹서먹하게 앉아 다른 그룹이 하는 토론을 들으며 다음 순서를 기다리고 있었다.

두 번째 유형은 재미만 추구하는 스타일이다. 이 그룹은 너무 재미있어 웃음이 끊이지 않았다. 하지만 첫 번째 대화 주제를 꺼내 놓고는 이내 다른 이야기들로 대화를 채워나갔다. 모두 재미있어 했지만 토의는 수박 겉핥기식이었다. 옆 그룹은 소음으로 방해받았고, 소그룹 토의 진행은 무척 산만하였다.

세 번째 유형은 철학자 스타일이다. 처음부터 끝까지 안경을 만지며 세상의 모든 짐을 다 짊어진 것 같은 심각한 모습으로 그룹 토의를 인도했다. 리더는 경직되고 철학적인 분위기의 어투와 어려운 단어로 대화하려 했다. 반면에 그룹원들은 전혀 심각하지 않았고, 리더의 분위기에 동감하지 않는 것처럼 보였다. 어떤 그룹원들은 슬쩍 옆 그룹의 재미있는 이야기를 듣거나, 딱히 할 이야기가 없어 리더의 이야기가 끝나기를 기다리고 있었다. 토의 분위기는 처져 있었고, 대다수가 충분하게 자기 생각을 이야기하지 않았다.

네 번째 유형은 말꼬리 잡기 스타일이다. 그룹원들이 자기 생각이나 의견을 이야기하면, 리더가 하나하나 자신이 "그건 말이지요", "제 생각에는요"하면서 답변을 해주었다. 리더는 무슨 이야기를 들어도 그냥 넘어가지를 못했다. 꼭 대답을 해야만 하는 의무감이 있는 것처럼 상대방의 의견마다 해답을 주려고 하였다. 그러나 자기 생각과 경험을 나눈 그룹원은 리더가 내놓은 개인적 답변이 합당하지 않다고 느꼈고, 다시 자신의 견해를 분명히 밝히려고 주거니 받거니 했다. 그러다 장황한 상황 설명과 더불어 다른 이야기로 꼬리를 무는 것이었다. 그 소그룹은 주로 리더와 한둘의 논쟁으로 시간이 흘렀고, 결국 그룹원들 모두가 이야기를 다 해보지도 못하고 시간이 끝나고 말았다.

다섯 번째 유형은 답정너(내 말이 결론) 스타일이다. 이 리더는 그룹원들과 토의도 잘하고 이야기도 많이 했다. 그룹원들에게서 좋고 영감있는 아이디어도 많이 나왔다. 그런데 전체 발표 때에는 그룹원들의 이야기나 의견이 전혀 반영되지 않고 리더 자신의 의견만 그룹 토의의 결과로 발표되었다. 그렇게 되자 그룹원들이 자기 생각을 별도로 이야기하는 일이 생기게 되었다. 토의 결과가 잘 전달되지 않고 잘 표현되지 않은 경우였다.

여섯 번째 유형은 주도자 스타일이다. 본인이 말하느라 다른 그룹원들에게 이야기할 여지를 주지 않는 것이다. 리더가 할 말이 얼마나 많은지 모른다. 연발 기관총 같았다. 쉴 새 없이 말이 술술 나왔다. 한 사람에게 의견을 묻고는 답변할 시간도 주지 않고 또 자신의 지식과 의견을 말했다. 그러다 보니 한마디도 하지 못한 그룹원은 그저 관망하며 수동적인 자세를 취하고만 있었다.

일곱 번째 유형은 추임새 스타일이다. 그룹원들이 말할 때

호응은 잘 해주는데, 그의 이야기를 적절하게 끊어주지 못하고 관망만하고 있었다. 리더는 4개의 질문을 나눌 적절한 시간을 생각하고 그룹원들이 의견을 골고루 나누도록 토의를 진행해야 하는데, 주도적인 한 사람의 의견을 조절해 주지 못하고 있었다. 결국 토의 질문 3,4번으로는 넘어가지도 못했다. 다른 그룹원은 토론에 참여할 기회도 적절하게 얻지를 못했고, 리더의 상황 대처만을 지켜보며 기다리고 있었다.

▶ 유형별 리더십이 영적 성장에 미치는 영향

① 핵심 체크 유형
- 정답만 찾다 보니 개인의 고백이 사라짐
- 말씀에 대한 나의 삶의 적용이 없음
- 깊은 영적, 인격적 관계를 이루지 못하게 하고, 체면치레로 다른 사람과 피상적 관계에만 머무르게 함
  - 정답을 찾지 못하거나 한 마디도 못한 사람은 부끄럽게 됨
  - 지식은 정리하나 나의 하나님으로 경험하기 쉽지 않음
  - 나눔을 통한 성령의 깊고 풍성한 역사를 경험하지 못함
  - 효과적 적용:

토의 질문 내용의 정답이 구체적으로 내 삶 어느 부분에 변화를 요구하는지 함께 나누어야 한다. 하나님의 말씀이 지식에서 끝나지 않고 삶에 적용될 수 있도록 해야 한다. 더 나아가 정

답을 찾지 못하는 사람들이 부끄러워하지 않도록 정답 없는 질문들을 토론의 내용과 연결해 던짐으로 토의에 참여하도록 하는 것이 좋다.

② 재미만 추구 유형
- 모임이 재미는 있으나 시간이 갈수록 공허해 짐
- 개인적 고백 시간이 없어 영적으로 변화할 수 있는 경험의 기회를 얻지 못함
- 서로 간에 친밀도는 높아진 것 같지만 실제로는 피상적 차원에 머무는 경우가 많고, 깊은 차원에서의 문제나 삶을 나누지는 못함
- 영적인 성장이 오기 전에 소그룹의 정체성과 가치에 대한 회의가 먼저 옴
- 삶의 시간 배열에서 신앙공동체는 시간 날 때 참석하는 차선의 자리가 됨
- 효과적 적용:

재미와 더불어 그룹원 각각의 삶의 적용이 구체적으로 나누어지도록 시간을 잘 배분해야 한다. 아무리 재미가 있어도 그룹원들에게 근본적으로 영적 갈증이 있고 영적 성숙을 갈망하고 있음을 리더는 보아야 한다.

③ 철학자 유형

• 모임이 지루하고 피곤함

• 너무 철학적이어서 구체적 현실에 잘 적용되지 않음

• 이성적 냉랭함만을 느끼고, 개인 고백을 통한 성령의 감동을 경험하지 못함

• 그룹원들이 공동체의 일원으로 가까워질 기회를 갖기 어려움

• 믿음에 대한 비관적인 대화를 나누거나, 비판적인 인상을 많이 심어 주게 됨

• 문제에 집착하다 보니 영적 회의주의에 빠지기 쉬움

• 신앙공동체의 역동적인 영적 경험에 다가가기 어려움

• 효과적 적용:

자신이 인도하는 토론의 분위기가 가라앉거나 추상적, 혹은 비판적으로 끝나지 않도록 주의해야 한다. 리더의 역할은 멤버들이 영적 성숙과 경험의 자리로 나아갈 수 있도록 돕는 것임을 기억해야 한다. 성격이 차분한 것과 비판적인 것은 다르다. 생각이 깊은 것과 회의적인 것 역시 다르다. 리더는 멤버들로 하여금 성령의 역사에 긍정적이고 적극적으로 부딪힐 수 있는 다리의 역할을 잘해야 한다.

④ 말꼬리 잡기 유형

• 리더의 단답식 대답은 나눈 사람의 경험을 무시하는 듯 보여 마음을 오히려 닫게 만듦

• 자신의 의견을 표현한 그룹원과 논쟁에 빠지기 쉬움

• 인격적 관계 구축보다는 대화 중에 상처를 남기기 쉬움

• 더이상 자신의 의견을 이야기하고 싶지 않게 됨

• 마음이 닫혀 영적인 변화가 일어나지 않음

• 상대방이 마음에 상처를 입어 영적으로 침체됨

• 효과적 적용:

리더는 듣는 연습이 필요하다. 말을 줄여야 한다. 리더의 역할은 표현하도록 돕는 역할이지 답을 주는 자가 아니다. 개인의 경험을 잘 알지도 못하면서 리더의 성급한 편견이나 판단으로 답을 주려 하는 태도는 오히려 이야기하는 이의 마음을 답답하게 만들어 영적 성장에 걸림돌이 된다. 침착하게 듣기를 연습하라. 그리고 "정말 그러셨어요?"하며 공감을 표현해 주라.

⑤ 답정너 유형

• 개인의 의견을 무시한 리더에 대해 결론적으로 감정이 상함

• 더 이상 자신의 이야기를 하고 싶지 않음

• 토론을 통해 시작된 영적인 변화가 토론의 마무리 단계에서는 영적 단절로 이어짐

• 효과적 적용:

사람들의 의견을 잘 수용하고 전달해 주는 발표 연습을 하라. 특별히 이러한 스타일은 적극적이면서 자신의 의견이 강한 사람들에게서 많이 나타날 수 있다. 다른 사람을 배려하는 표현과 전달 방식은 그룹원들의 마음을 열어 보다 효과적인 영적 경험으로 인도할 수 있다.

⑥ 주도자 유형
• 리더의 장황한 이야기는 다시 설교를 듣는 것처럼 지루함
• 리더의 주도적인 의견 때문에 말씀이 나의 삶에 적용될 여지가 없음
• 리더의 이야기에 집중되어 그룹원 모두가 관망자가 됨
• 그룹원들의 표현이 없으므로 그룹원들 사이에 직접적인 관계가 형성되지 않음
• 리더 자신은 영적 경험이 이루어질 수 있을 지라도 그룹원들의 경험이 되지는 못함
• 효과적 적용:
네 번째 말꼬리 잡기 유형과 동일하다.

⑦ 추임새 유형
• 주도적인 한두 사람의 의견만 듣다 다른 이들의 말씀 적

용 기회를 잃게 됨
- 이야기하지 않는 사람은 소외감을 느끼게 됨
- 적절하게 인도하지 못하는 리더의 리더십을 불신함
- 말을 많이 하는 사람을 경계하게 됨
- 주어진 토론의 목적에 도달하지 못함으로 영적인 성장을 가져오지 못함
- 효과적 적용:

토의가 한 사람에 의해 주도되지 않도록 적극적으로 개입해야 한다. 누구라도 상대방의 이야기를 끊고 자신의 말을 하기는 쉽지 않다. 그러니 리더는 대화가 골고루 나누어지도록 하라. 만일 너무 혼자서 많은 이야기나 주장을 하는 그룹원이 있을 경우엔 자연스럽게 "다른 분들 생각은 어떠세요?"하며 지혜롭게 처리해야 한다.

소그룹의 나눔은 반드시 기도로 끝나야 한다. 토론 가운데 임재하신 성령의 역사를 찬양하며 그 인도하심에 용기 있게 응답할 수 있도록 기도해야 한다. 성령의 능력이 임하실 것이다.

07 이성적 **질문**과 영적 **변화**

▶ 9.11 테러와 긴급 기도회

2001년 9월 11일 아침, 첫째 아이를 학교에 보낼 준비를 하는데 요란하게 전화벨이 울렸다. 한국에 계신 아버지로부터의 전화였다. 다급하신 목소리로 아버지는 "미국에 전쟁이 났다며? 너희는 괜찮으냐?" 물으셨다. 나는 급하게 TV를 켰다. 화면에선 뉴욕 세계무역센터(World Trade Center)의 북쪽 빌딩에 테러리스트들에 의해 납치된 비행기가 충돌하는 충격적인 장면이 나왔다. 그러다 또 다른 비행기가 무역 센터의 남쪽 빌딩으로 날아가 충돌했고, 잠시 후 두 빌딩 모두 무너지면서 먼지가 되고 말았다. 너무 어이가 없어 이것이 사실이라고 믿기지 않았다.

참사의 현장과 피, 눈물, 두려움으로 가득 찬 뉴욕 시민들의 모습은 시카고에 살고 있던 내게는 마치 영화의 한 장면 같았다. 그러는 가운데 또 다른 전화가 요란하게 울렸다. 섬기고 있던 시카고 교회 소그룹 사역 부서에서 걸려온 전화였다. 오늘 저녁 특별 예배가 진행된다는 소식이었다. 전쟁, 종교, 테러, 인간, 생명, 삶의 목적 등 다양한 이슈들이 나의 뇌리를 스치며 지나갔다. 그리고는 만일 내가 예배를 준비한다면 참사의 현실 속에 있는 성도들을 위해 어떠한 예배를 어떻게 준비할까 하는 생각을 하게 되었다.

교회에 도착하니 그 큰 예배당 밖까지 회중들로 가득했다. 특별 예배는 1시간 동안 20분씩 3단계로 진행되었다.

① 상담의 예배

첫 20분은 상담의 예배였다. 3-4명을 묶어 무역센터가 무너지던 시간에 당신은 어디에 있었는지, 그 참사를 보면서 무엇을 느꼈고 지금은 어떻게 느끼는지 나누도록 하였다. 사실 나는 할 이야기가 별로 없어 "이것이 사실인지 믿어지지 않는다고" 했다. 그런데 다른 세 사람 모두 너무 가슴 아파하고, 눈물까지 흘리면서 슬퍼하였다. 동시에 분한 마음으로 가득 차 있었다. 나와는 너무나 다른 반응이었다. 특별 예배는 이렇게 자신의 슬픔과 분노를 옆에 앉은 회중과 함께 나누게 한 후, 이 아픔에 주님의 치유와 회복이 임하시길 기도하는 순서로 이어졌다.

② 교육의 예배

두 번째 20분은 교육의 예배였다. 내용은 한 마디로 "자녀들

앞에서 말조심하라"였다. 오늘 일어난 테러와 참사의 범인이 이슬람 극단주의자들이라는 추측성 보도가 많이 나오는 상황이었다. 이에 우리가 어른으로서 혹은 부모로서 자녀들에게 어떻게 이슬람에 대해 이야기 하느냐에 따라 이슬람을 대하는 그들의 미래와 가치관에 큰 영향을 미치게 될 것이라는 지혜의 가르침이었다. 감수성이 예민하고 미성숙한 아이들에게 이 사건을 단순히 이슬람권에서 일으켰다고만 이야기하면 그들은 이슬람권 모두를 원수처럼 적대시할 수 있음을 지적하며, 우리가 끼칠 영향력을 늘 염두에 두길 교육했다.

③ 태도에 관한 예배

세 번째 20분은 그리스도인으로서 태도에 관한 예배였다. 이 예배를 마치고 교회 밖으로 나가면 많은 사람들로부터 질문을 받게 될 것이라면서 대답을 준비하게 했다. 예컨대 "이것은 기독교와 이슬람과의 종교 전쟁 아니냐?", "종교가 인간을 위해 있는 것이 아니라 종교의 맹종이 사람을 죽이는 것 아니냐?", "이렇게 자기 종교를 위해 전쟁하다 죽으면 순교냐?", "기독교는 원수를 사랑하라고 하는데 피해자 가족들은 가만있어야 하는 것인가?", "보복은 하나님 손에 있다고 하는데 보복을 해야 하는 것인가 아니면 참아야 하는 것인가?" 등 그리스도인으로서 마땅히 받을 수 있는 질문이었다.

이러한 질문은 내 신앙이 성숙한가 미성숙한가, 초신자인가 기존 신자인가와 상관없이 그리스도인이기 때문에 받게 된다는 것이다. 우리의 직분과 상관없이 교회 밖으로 나가는 순간 우리는 그리스도인의 대표가 된다. 비판적 물음이 제기될 때, 어떠한 자세로 응답해야 할지 충분한 지혜가 필요했다. 예배의 결론은 "비판적 질문의 표면을 보지 말고, 그 뒤에 있는 상처를 보라" 그리고 "그 상처를 치유하는데 더 초점을 맞추라"였다.

　한 시간의 특별 예배를 마친 후 돌아오는 나의 마음은 깊은 감동으로 가득했다. 참사 가운데 서 있는 그리스도인으로서 내가 무엇을 해야 하고, 또 제기될 많은 질문들에 대해 어떻게 응답해야 할지 알게 해준 "안내자 예배"였기 때문이다. 동시에 내가 영적으로 성숙한 자리에 설 수 있도록 인도한 영감 있는 예배였기 때문이다.
　이 예배는 나에게 '방향성'을 알려 주었다. 방향성은 영적 성숙과 아주 밀접하게 연결되어 있다. 이것이 리더의 역할이다. 소그룹 리더의 역할 중 하나는 '방향을 잡아주는 것' 이다. 현실의 문제로 근심하거나 영적인 시험이 있거나, 초신자들에게 믿음의 바른 방향을 알려줄 때 그룹원들은 영적으로 성숙해진다.

▸ 날카로운 질문을 받았을 때

누군가 이렇게 질문한다고 가정해보자. "왜 이렇게 교회가 많지요? 한 지역에 교회가 하나씩만 있으면 될 텐데요", "교회 와서 왜 교인들이 싸우나요? 교회 다니면 좀 달라야 하는 것 아닌가요?"

사실 이러한 의도적인 질문은 교회에 전혀 다니지 않는 사람들이 하는 경우가 많다. 교회에 갈 마음이 없으면서도 일부러 흠집을 내려는 비판인 것이다. 이들 중 대부분은 교회에 대한 나쁜 이미지나 편견이 있다. 물론 이미 교회를 다니고 있는 사람들 중에도 비슷한 문제를 제기하는 경우도 있다. 그들 역시 교회에 상처가 있었거나, 혹은 현재 그 문제가 경험되고 있거나, 해결점을 찾지 못해 여전히 그 문제가 상처로 남아 있는 사람들인 경우가 많다. 리더는 이러한 날카로운 질문에 어떻게 응답하고 처신해야 할까?

▸ 그들의 상처를 돌아보라

질문자가 그리스도인이건 아니건 그들이 지닌 교회와 그리스도인에 대한 나쁜 이미지와 편견, 상처 경험은 일종의 '바이러스'라 할 수 있다. 이 바이러스는 그들을 영적으로 병들게 만든다. 영적인 병이 깊어질수록 서서히 밖으로 드러나는데, 바로 공격적인 문제 제기로 나타난다. 만일 비그리스도인들이 공격하면 믿음이 없으니까 혹은 아직 모르니까 하고 넘어갈 수 있다. 그러나 리더를 당황하게 하는 일은 믿음이 좋았던 사람들이 그리고 공동체에서 아주 성실했던 사람들이 질문하는 경우이다. 그들의 문제 제기가 공동체 전체에 미치는 부정적 파장이 크기 때문이다. 그런데 더 큰 문제는 비판적 질문을 던지거나 공격하는 사람들의 대다수가 자신의 상처 경험을 드러내지도 않고 또 드러내기를 원치도 않아 리더들이 이 문제의 핵심을 빨리 파악하지 못한다는 사실이다.

 미국 유학 시절 어느 크리스마스 때의 일이다. 친한 가족이 먼 길을 운전해 와 시카고에 있는 우리 집에 며칠 머무르게 되었다. 즐겁게 시간을 보내고 돌아가려는 날 아침에 형제가 침대에서 일어나지 못하고 있었다. 갑자기 허리가 아프고 힘을 전혀 주지 못해 화장실조차 갈 수 없었다. 마사지를 해주면 좋아지겠지 싶어 지켜보았지만 점점 악화되었다. 아는 의사에게 급히 연락해 왕진을 요청했다. 방문한 의사에게 오늘 아침 갑자기 이렇게 되었다고 이야기를 했더니 의사는 이렇게 말했다. "모든 병에 갑자기는 없어요. 이전에 조짐(sign)이 있었을 텐데 그것을 무시했다가 이제 밖으로 나왔을 뿐이지요."

 우리 눈에는 갑작스러운 것처럼 보였던 질병도 이미 그 안에 있었다는 의사의 이야기처럼, 영적인 문제를 가지고 온 사람 역시 이미 그 안에 곪은 상처가 있음을 리더는 알아야 한다. 따라서 문제를 제기하는 대상이 그리스도인이든 비그리스도이든 상관없이 표면적 문제에 응답하기 전에 제일 먼저 해야 할 것은 상대방의 마음의 상처를 인식하고 그 상처를 '안아 주는 것'이다.

▶ 상처를 치유하는 세 가지 단계

① 1단계 : 잘 들어주기

상담 전문가에 의하면 부부에게 가장 큰 위기는 부부싸움 시 대화를 안 하는 것이라고 한다. 싸울 때 내가 왜 화가 났는지를 말하면서 상대방에게 내 마음을 알리라고 권한다. 말하지 않으면 상대방은 내가 화가 난 이유를 정확히 알 수 없기에, 침묵 가운데 더 악화될 뿐 치유와 회복될 공간이 없다는 것이다.

리더의 역할은 상처받은 심령 가운데 성령이 역사하실 공간을 만들어 주는 것이다. 문제 제기자가 문제를 말하기 시작하면 성령의 치유도 시작된다. 문제를 제기하다 보면 속에 담아 놓았던 이야기를 조금씩 하게 된다. 이때는 리더는 어떻게 답변해야 할까 염려하지 말고 충분하게 들어 주라. 그 상처에 반박하거나 공격하지 말라. 성령이 역사하실 수 있는 자리를 막게 된다. 이 단계에서 리더에게 필요한 것은 인내이다.

② 2단계: 공감해 주기

문제 제기 뒤에 있는 아픈 상처 경험을 이해하고 공감하는 것이 중요하다. 나도 그러한 상황에 처했다면 충분히 상처를 받거나 혹은 그런 반응을 했을 것이라는 공감의 표현이다. 그런데 많은 리더들이 이 부분에서 실패한다. 왜냐하면 상대방이 일단 신앙이나 공동체에 문제를 제기하면 리더의 기분이 상하기 때문이다. 제기된 문제가 자신의 리더십 혹은 자신의 공동체의 명예와 관계된다고 여긴다. 심각한 경우엔 이야기를 들으면서 리더의 얼굴색까지 변하기도 한다. 이럴 경우 대화할 때 그의 모순이나 허점을 찾는데 주의를 기울이거나 논쟁에 빠지기 쉬우며, 결국에는 상대방도 마음의 문을 닫게 된다.

인정할 것은 인정하라. 상대방의 이야기 속에 이해가 되지 않는 부분이나 과장된 표현이 있어도 넘어가라. 왜냐하면 표현방식은 문제를 강조하는 데 있기에 문제를 치유하기 시작하면 자연히 사그라지고 만다. 말투 하나하나 파고 들면 오히려 더 상황을 악화시키게 된다.

그런 면에서 리더는 대화할 때 상대방의 눈을 잘 보아주고 대화의 중간 중간 공감의 표현을 해줘야 한다. 예를 들면 "정말 그랬어요?", "그런 일이 있었는지 몰랐네요", "힘들었겠어요", "정말요?", "저도 참 가슴이 답답하네요", "맞아요. 저도 그렇게 생각해요", "우리 그리스도인들이 감당해야 했을 부분이네요", "저도 책임을 느껴요" 등등 이다.

③ 3단계 : 함께 기도하기

문제 제기자의 아픔을 끌어안고 함께 기도하는 것이 중요하다. 상처 그대로를 주님께 올려 드리라. "저도 느껴요", "제 마음도 참 아프네요" 등의 표현으로 상대방을 공감한 후에, 상황이 허락된다면 "괜찮으시면 제가 잠시 기도해도 될까요?"하고 물어보라. 그리고 그 상처를 놓고 기도하라.

"주님! 형제자매님 마음 아시지요? 다 말하지 않아도 다 표현하지 않아도 주님은 다 아시는 줄 믿습니다. 그의 상한 마음 있는 그대로 받아주시고 그를 위로하여 주시옵소서. 내가 너를 안다 말씀해 주시고, 이제는 괜찮다 위로하여 주시옵소서. 주님 간섭하여 주셔서 묶인 매듭도 풀어지게 하여 주시옵소서. 그리고 예수님이 주시는 능력으로 일어나 승리하게 하여 주시옵소서. 예수님의 이름으로 기도드립니다. 아멘."

▶ 적절한 응답은 영적 성숙으로 인도한다

리더의 적절한 응답은 믿음의 갈등을 많이 해소시켜 줄 뿐 아니라, 새로운 영적 성장을 가져오게 한다. 기독교 교육학자 존 웨스터호프 3세(John Westerhoff III)는 신앙의 성장 단계를 네 단계로 구분한다.

1단계는 경험적 단계로 교회에 처음 온 사람이 교회를 경험하는 단계이다. 누가 이 교회를 다니는지, 목회자는 누군지, 찬양대는 잘하는지, 나를 알아주는지 등등 교회를 처음으로 맛보는 단계이다. 교회 좌석으로 본다면 맨 뒷줄에 앉아 교회를 쳐다보고 탐색하는 단계라 할 수 있다.

2단계는 귀속적 단계이다. 교회의 맨 뒷줄에 앉아 교회와 사람들을 탐색하면서 나쁘지 않다는 느낌이 들게 되면, 앞좌석으로 조금씩 나와 참여하게 되는 단계이다. 이 단계가 되면 교회 봉사에 참여하게 된다. 심지어는 임원까지 맡아 섬기게 된다. 교회가 익숙해진 상태의 단계라 할 수 있다.

3단계는 이성적 단계이다. 교회에 익숙해져서 섬기다 보면 개인적인 삶의 문제와 더불어 영적인 시험을 경험하게 된다. 예를 들면 교회 일은 열심히 하면 할수록 더 늘어가고, 반면에 도와주는 사람은 적어지는 것을 경험한다. 그런데 사람들은 도와주지도 않으면서 불평한다. 어떤 경우는 지도자의 격려도 없고, 계획한 것이 지도자에 의해서 거절되기도 한다. 설상가상으로 사역의 문제와 더불어 개인적 삶의 문제까지 겹치면 영적인 시험이 찾아오게 되고, 근본적인 신앙의 질문까지 하게 된다. "내가 정말 구원의 확신이 있어 이렇게 열심히 섬기는 것인가?", "믿음이 무엇인가?", "교회 섬김이 믿음인가?", "교회가 그럴 수 있는가?" 등등 수없이 많은 근본적 물음이 제기된다. 영적으로 고갈되기 시작하는 때이다. 웨스터호프에 의하면 미국 교회의 많은 젊은이들이 이 단계에서 대답을 얻지 못하고 교회를 떠났고, 현재 미국 교회는 허리 없는 호리병의 모양과 같은 교회가 되었다고 지적한다.

마지막 4단계는 고백적 단계이다. 웨스터호프 3세는 이성적 단계에 교회가 응답을 적절하게 할 수 있다면, 사람들은 근본적인 믿음의 회의적 질문 단계를 지나게 되고, 적어도 주위 환경으로 인해 복음의 근본은 흔들리지 않는 고백적 단계에 들어서기 시작한다고 말한다.

물론 모든 사람의 신앙 성장 변화가 웨스터호프 3세의 이론과 같은 단계를 거치게 되는 것은 아니다. 고백적 단계 안에서도 여러 단계로 나뉠 수 있다. 하지만 그의 이론은 초신자들의 교회 적응부터 흔들리지 않는 거듭난 신앙의 단계에 이르기까지 보편적 영적 변화 과정을 체계화 한 점에서 가치가 있다.

웨스터호프 3세가 말한 것처럼 사람들이 지닌 여러 가지 이성적 질문은 문제 제기자의 신앙을 한층 더 성숙한 길로 인도하는 소중한 기회가 되거나, 반대로 교회 공동체를 떠나게 하는 신앙의 걸림돌이 되기도 한다.

이런 면에서 리더는 제기되는 영적 질문들을 피하거나 대적하기보다는 겸손하면서도 적절한 응답을 할 준비를 해야 한다. 상한 마음을 돌아보는 데서 한 발자국 더 나아가 적절한 응답을 줄 때 영적인 성장과 변화(spiritual transformation)가 이루어진다.

> 여러분의 마음속에 그리스도를 주님으로 우러러 모시고 여러분이 간직하고 있는 희망에 대해서 설명을 듣고 싶어 하는 사람들에게는 언제라도 답변할 수 있도록 준비해 두십시오(벧전3:15/공동번역)

▶ 어떻게 응답할 것인가

다수의 질문에는 정확한 답이 있기도 하지만, 너무 큰 문제일 경우는 답을 주어도 충분하지 않은 경우가 허다하다. 예를 들면 "그리스도인은 잘 되어야 하는데 왜 고통을 받나요?", "왜 새벽기도 가다가 교통사고로 죽었나요?"이다.

리더는 첫째, 그 질문이 어느 범주 안에 들어 있는가? 둘째, 간단히 대답할 수 있는 문제인가? 셋째, 해답을 주어도 그 답이 공감될 수 없는 질문인가? 등의 몇 가지 기준을 두고 판단해야 한다.

만일 제기한 질문이 지적 궁금증일 경우는 명확한 답을 주면 쉽게 해결이 된다. 가능하다면 하나님의 말씀을 직접 찾아보며 대답하는 것이 가장 좋은 방법이다. 우리 삶의 문제의 해답이 바로 주님 안에 있음을 알게 하기 때문이다. 만일 함께 성경 말씀을 볼 수 없는 경우라면 "성경 말씀에 이렇게 되어 있다"고 이야기 해주고, 나중에 정확한 구절을 찾아서 주라. 그러나 질문에 답을 할 수 없는 경우에는 "나도 궁금했는데, 목사님이나 전도사님에게 물어봐서 알려 주겠다"고 솔직하게 말하고 나중에 알려주면 된다.

또 대답하기 어려운, 혹은 대답을 해주어도 납득하기 쉽지 않은 큰 질문(big questions)일 경우엔 작은 답변(small answer)을 한다고 해서 그의 만족을 채워 줄 수 없음을 기억하라. 그럴 경우는 "사실 저도 그 문제를 어떻게 해결해야 할지 잘 모르겠네요"라고 이야기하라. 그리고 지극히 개인적 입장에서의 경험 이야기를 간증으로 하는 편이 더 낫다.

분명한 것은 그룹원들이 제기하는 비판적인 질문들은 성령께서 그들을 영적 성숙의 자리로 도약하도록 허락하신 기회라는 사실이다. 이때 리더는 성령이 인도하시는 그 환경을 겸손하면서도 지혜롭게 잘 분별하고 응답하여, 그룹원들이 영적 성숙의 자리에 서도록 도와야 한다.

08 변증 소그룹

▦ 변증 소그룹

변증이란 주제나 개념에 대한 더 깊은 이해에 도달하기 위해 논리적인 주장과 반론을 주고받는 대화 방법이다. 변증 소그룹은 복음에 대해 간결하면서도 분명한 1~3분 응답의 변증(Christian Apologetics) 능력을 갖추게 하는 소그룹으로, 복음에 대해 이해하지 못하는 초신자들과 구도자들에게 복음에 대한 이해와 영접, 그리고 적용을 도와주는 영향력 있는 양육 시스템이다.

언젠가 시카고에 있는 윌로우크릭 커뮤니티 교회에서는 "Cosmic Fingerprint(우주의 지문)"라는 타이틀로 신앙과 과학의 대화를 위한 4주 변증 세미나가 있었다. 첫 시간 주제는 "New Discoveries of Design in the Universe(우주의 디자인에 관한 새로운 발견)"이었다.

주 강사로 초빙된 물리학자이자 천문학자인 휴 로스(Hugh Ross) 박사는 자신은 전혀 신앙이 없던 사람으로 어릴 때부터 우주의 생성과 디자인에 대해서 많은 관심을 가졌다고 했다. 그는 대학에서 우주를 전공으로 선택한 후 여러 종교에 기록된 우주의 생성과 기원에 대한 내용들을 검토했고, 내용들을 과학적으로 그리고 역사적으로 시험해 보았다. 그 결과 놀랍게도 성서에 계시되어 있는 하나님이 이 역사의 창조자이시고, 우주와 지구, 우리의 삶의 한 가운데서 역사하시는 분임을 발견하게 되었다고 고백했다.

이 확신은 그에게 신앙의 첫걸음을 내딛게 하였고, 그 이후 하루 2시간씩 2년 동안 매일 하나님과 성서, 우주와 인간의 삶에 대해 연구했다고 자신을 소개했다. 그의 간증과 연구도 훌륭했지만, 더 놀라웠던 것은 휴 로스의 강연을 듣기 위해 62명의 과학자들을 포함 약 3,200명에 달하는 사람들이 참여하였다는 사실이다. 그들은 휴 박사에게 수없이 많은 질문들을 던졌고, 휴 박사는 간결하면서도 분명하게 과학적인 논리로 성서에 나타난 우주와 하나님의 계시, 하나님의 디자인을 설명해 냈다. 이튿날에는 그의 연구 발표에 대한 구체적인 워크숍으로 이어졌다. 그날도 과학자들과 우주 과학에 관심 있는 사람 520명이 모였다.

인상 깊었던 것은 세미나 이후 태도가 변화된 한 중국인 무신론자의 반응이었다. 그는 하나님이 자신에게는 좀처럼 설득이 되지 않는다고 늘 말해 왔다. 그런데 휴 박사의 강연이 자신에게는 큰 도움이 되어 참 좋았다고 하면서 하나님이 어느 정도 이해된다는 믿음의 고백을 하는 것이었다. 더 놀라운 일은 또 다른 한 사람이 그 강연 후 예수 그리스도를 믿기로 결정해 수요예배 시간에 세례를 받았다는 사실이다. 그렇게 짧은 시간에? 맞다. 그렇게 짧은 시간에도 놀라운 변화가 일어난 것이다.

하나님은 인간에게 각각 다른 신앙의 여정을 주셨다. 먼저 감정이 움직여야 믿음이 생기는 사람이 있는가 하면, 이성적으로 이해가 되지 않으면 일절 움직이지 않는 사람도 있다. 이것은 그 사람의 성격이 비뚤어져 그런 것이 아니라, 하나님이 인간을 창조해 놓으신 질서가 그렇기 때문이다. 하나님은 우리들을 창조하실 때 우리 삶 가운데 감성적인 차원과 지적인 차원을 동시에 주셨다. 우리들의 감성적인 차원이 먼저 채워지면 다음으로 지적인 차원의 필요를 느끼도록 만드셨고, 반대로 우리들의 지적인 차원이 먼저 채워지면 감성적인 차원을 목말라 하도록 우리를 질서 있게 창조하셨다. 따라서 감성과 지성은 서로 떨어져 있는 차원이 아니라 하나의 차원인 것이다. 그러기에 이성적으로 또 지적으로 이해가 돼야 믿음의 자리에 도달할 수 있는 사람도 있다. 그 중국인 무신론자도 그렇고 이 강연을 들은 후 믿음의 자리에 나온 사람도 그 가운데 한 명일 수 있다.

▶ 영향력 있는 그리스도인

그런 면에서 그리스도인의 1~3분 응답 능력은 매우 필요하고 중요한 부분이다. 하지만 일반적으로 이 부분이 약한 것도 사실이다. 오랜 기간의 신앙 경험을 가지신 분들도 감성적인 측면의 신앙적 토대는 강하지만 체계적인 이론적 신앙이라든지, 충분한 설명과 이해를 통해 다른 사람에게 복음을 전하는 측면은 아쉬울 때가 많다. 신앙은 삶으로 보여주면 되는 것이 아니냐는 변명을 하기도 한다. 맞다. 백번 옳은 말이다. 삶이 병행되지 않는 신앙은 능력이 없다. 하지만 본질은 내게 다른 사람에게 복음에 대해서 구체적으로 혹은 다른 사람들이 제기하는 신앙적 문제나 질문에 대답할 수 있는 능력이 있는가 하는 것이다. 주부는 주부대로, 직장인은 직장인대로, 사업가는 사업가대로, 천문학자는 천문학자대로, 물리학자는 물리학자대로, 신학자는 신학자대로, 경제학자는 경제학자대로, 의학자는 의학자대로 각자의 영역에서 살아계신 하나님, 만물을 주관하시는 하나님을 증거해야 한다. 우리의 삶, 우리의 사업, 우리의 연구 영역 속에서 역사하시는 분으로 증거 할 수 있는 능력이 있어야 하는 것이다.

감성적 차원에서의 믿음이 잘못된 신앙은 아니다. 하지만 능력 있는 그리스도인이 되는데 변증의 능력은 매우 중요한 부분임을 말하는 것이다.

변증이라 하면 매우 어려운 부분으로 생각할 수 있지만, 쉽게 말하면 우리의 신앙에 대한 이론적 정리라 할 수 있다. 하나님을 믿는다고 하면 그 하나님이 누구신지, 성경을 믿는다고 하면 그 성경이 어떤 책인지 등등 우리가 믿는 바를 요약하는 것이 변증이라 할 수 있다. 그런 면에서 변증은 나의 신앙의 기초를 분명히 그리고 든든히 하는데 필수적이다.

변증이 필요한 시대

오늘날 그리스도인은 수없이 많은 질문들 가운데 서 있다. 어떤 사람은 꼭 예수님만 믿어야 구원을 받나요? 믿음은 개인의 신념 아닌가요? 꼭 교회 나가야만 구원을 얻나요? 술과 담배를 하면 구원을 못 받나요? 아니면 죄를 짓는 것인가요? 이런 질문은 신앙공동체에 속해 있는 사람들도 궁금해 하는 질문들이다. 신앙공동체 안에서도 교회가 왜 이렇게 많은 가요? 제사를 지내는 것이 죄인가요? 잘 믿는 사람에게 그런 나쁜 일이 생길 수 있나요? 목회자가 그럴 수 있나요? 등등 많은 질문을 한다.

어떤 면에서 설교, 성경공부, 상담도 변증의 한 부분이라 할 수 있다. 하나님이 누구신지, 예수님이 누구신지, 성령이 누구신지, 교회가 무엇을 하는 곳인지, 그리스도인이 누구인지, 구원이 무엇인지 혹은 위에서 제기한 질문들에 대해 하나하나 답변해준다. 그럼에도 불구하고 우리들은 늘 변증의 능력이 부족한 것으로 느낀다. 오랜 세월 믿음의 경륜을 가지고 있으면서도 스스로 변증을 부담스럽게 느끼는 이유는 무엇인가? 어떠한 경우에 그리스도인들에게 복음의 변증의 능력이 부족하다고 느껴지고 자신이 없어지는가?

첫째, 가까운 사람들에게 전도할 때이다. 둘째, 하나님 존재에 의심하거나 신앙생활이 비합리적이라고 생각하는 사람들과 대화할 때이다. 셋째, 학생들 혹은 그룹원들에게 하나님이 살아계심을 논리적으로 전달해야 하는 교회학교 교사나 소그룹 지도자가 되었을 때이다.

이 모든 상황은 그리스도인들이 자주 접하는 상황이다. 무엇인가 분명하게 말해주고 싶은데 근거를 어디서 어떻게 찾아야 할지 모를 때 당황하게 된다. 왜 당황할까? 우리가 알고 있는 복음에 대해 분명하게 체계가 잡히지 않고 안개처럼 희미하기 때문이다. 그러다 보니 우리의 응답은 주로 개인적인 경험담으로 대치된다. 또는 신앙적 경험으로도 대처하지 못해 그냥 침묵하는 경우도 있다. 본인 스스로도 이러한 상황에서 답답해한다.

왜 우리가 지닌 신앙의 내용은 안개 속에 있는 것처럼 불투명한가? 왜 이성적인 질문도 신앙적 경험의 응답으로만 대답하는가? 분명한 이유 중 하나는 신앙에 대한 체계가 세워져 있지 않기 때문이다. 그래서 늘 자신의 신앙이 약하다고 생각하고, 복음의 변증 능력이 부족하다고 느껴 복음을 전하는데 자신감을 잃는 것이다.

▸ 의도적인 변증 능력

결국 그리스도인에게 변증의 능력이 부족한 까닭은 복음을 체계화하려는 의도성이 부족하기 때문이다. 변증의 능력은 의도적인 차원(intentional dimension)에서 얻어지는 결과이기 때문이다. 엘리베이터는 본인이 가만히 있어도 시간이 지나면 아래층에서 다음 층으로 올라간다. 이처럼 믿음도 경험적 측면에서 시간이 지나면서 자연히 성숙해지는 부분이 있다. 그러나 시간적 분량과 상관없이 의도적인 노력이 없으면 결코 성숙해지지 못하는 부분이 있는데 바로 변증의 능력이다. 이는 집중적인 관심과 시간과 노력의 투자가 필요하다. 한마디로 그리스도인들이 변증의 능력에 부족함을 느끼는 이유는 의도적인 차원에서 투자가 없었기 때문이다.

그렇다면 어떻게 변증의 능력을 개발할 수 있는가? 먼저 의도적인 변증 능력 개발을 위한 계획을 수립해야 한다. 예를 들면 올해 상반기에 특별히 변증의 능력을 개발하겠다고 계획을 세우라. 예를 들면 신앙도서 읽기나 신약 통독하기, 복음서에 나타난 예수님 말씀 읽기, 로마서 정리하기 등등이다.

다음으로 의도적인 변증의 능력 개발 차원에서 설교와 말씀을 들어야 한다. 많은 사람들이 신앙의 체계를 세우지 못한 이유는 설교 말씀을 듣기만 해서이다. 말씀이 구체적으로 내 삶에 부딪히는 사건(event)으로의 전환(transforming)없이 단지 오늘 설교가 좋았다, 찔렸다, 은혜 받았다 등등 감정의 차원에 머물기 때문이다. 감정은 시간이 지나면 희미해지기 마련이다. 실제로 있었던 사건조차도 시간이 지나면 그 사건이 정말 있었는지 없었는지 분별이 잘 안 되곤 한다. 하물며 감정적 차원에서의 이해는 시간이 갈수록 희미해지고 잊어버리는 것은 당연하다. 이를 극복하기 위해 의도적인 목적을 가지고 집중하여 말씀을 들어야 한다. 은혜 받은 바를 느낌의 차원에 머물게 하지 말고 이해와 체계화의 차원으로 끌어 올려 정리하는 것이 필요하다.

이런 맥락에서 의도적으로 변증의 내용을 기록하고 정리하는 것은 매우 중요하다. 들은 이야기를 다시 한 번 나의 생각과 언어로 정리하는 것이 중요하다. 이 과정을 통해서 주어진 정보들이 나의 것으로 소화되고 체계화되기 때문이다.

별도의 노트나 컴퓨터에 메모하라. 그리고 메모에 맞는 질문을 만들어 놓으라. 꼬리를 물고 생기는 질문들을 계속 적어라. 그리고 이에 대한 해답을 찾아가라. 이 과정에서 변증에 관한 책들은 많이 도움이 된다. 동일한 주제의 도서 2, 3권을 비교하면서 읽으면 더욱 좋다. 여러 측면에서 문제를 다루고 접근할 때 나의 영성과 영적 성숙도에 잘 맞는 것을 확인할 수 있기 때문이다.

마지막으로 의도적인 변증 훈련을 받아야 한다. 전략적으로 의도적인 변증 훈련을 받는 것은 그리스도인으로 하여금 믿음의 능력을 개발하고 믿음의 능력을 나누도록 하는 귀한 도구이기 때문이다. 혹자는 변증의 훈련을 성경의 지식을 정리하는 것으로 단순하게 생각할 수도 있다. 그러나 변증 훈련의 유익은 그러한 차원이 아니다.

▶ 변증 훈련의 유익

① 변증 훈련은 단순한 정보의 정리 차원에서의 도움이 아니라, 그동안 지나쳐오던 나 자신의 믿음에 대해서 무엇을 믿고 있었는지, 무엇을 모르고 있었는지, 무엇을 믿지 않고 있었는지를 확인하게 된다. 내가 지니던 믿음의 의문점들이 무엇이었는지를 발견하면서 이에 대해 고민하게 되고, 동시에 체계적으로 정리하게 된다. 변증의 훈련 자체는 믿음의 능력을 개발하는 단계이기 때문이다. 다음은 그 기본적인 예들이다.

> Q: 예수님은 모든 인간에게 절대적으로 필요한 것이 무엇이라 말씀하셨나?
> A: 회개와 구원. (막1:14-15; 요3:2-3, 16-18)
> Q: 예수님은 가장 중요한 계명이 무엇이라 말씀하셨나?
> A: 마음과 뜻과 정성을 다해 주 너의 하나님을 사랑하라. (마 22:37-38)
> Q: 왜 예수님이 기적을 행하셨나?
> A: 예수님이 선포하시는 말씀을 사람들이 믿도록 돕고, 기적

의 사건을 통해 구원의 메시지를 증거 하시기 위해서다. 기적 자체에 초점이 있지 않다. (막2:5-12; 눅7:11-17).

Q: 예수님이 우리의 영원한 삶을 위해 무엇을 이루셨나?

A: 예수 그리스도를 통하여 우리의 죄가 용서함 받고 하나님과 화목하게 하셨으며, 하나님의 나라에 들어갈 수 있도록 준비해 주셨다. (롬4:2-3; 5:1,9; 8:1)

Q: 어떻게 예수님을 만날 수 있나?

A: 첫째는 그를 믿고, 둘째는 그를 우리의 구원자로 받아들이며, 셋째는 우리의 옛 삶을 회개하고, 넷째는 그분에게 우리의 삶을 드리는 것을 통해 예수님을 만날 수 있다. (요3:16-21; 6:44; 요일6:4)

Q: 어떻게 우리가 예수 그리스도에 대해서 더 잘 알 수 있나?

A: 성경을 읽어야 한다. 그러나 단지 성경에 기록된 말씀에 익숙하게 되는 것이 아니라 그분이 누구시고 그분이 무엇을 원하시는지를 사모하고, 그 말씀에 순종할 때에 예수 그리스도를 풍성히 알게 된다. (롬6:17)

② 더 나아가 변증 훈련은 우리들에게 복음을 증거할 수 있는 자신감을 부여한다. 우리가 음식을 먹으면 에너지가 생기듯 변증 훈련은 영적, 심리적, 지적 측면에서 믿음의 용기와 안정을 가져오며 생명력 있는 복음을 증거할 수 있는 자신감을 부여한

다. 왜냐하면 변증의 능력은 문제를 다루도록 준비시키는 능력이기 때문이다. 다음은 변증 시간에 훈련하는 내용의 일부이다.

- 성경은 글자 그대로 사실인가?
- 창조론과 진화론 무엇이 다른가? 성경의 입장은 무엇인가?
- 예수님은 역사적 인물인가?
- 내가 구원받았다는 것을 어떻게 확신할 수 있나?
- 부활은 사실인가? 어떻게 그런 일이 일어나는가?
- 꼭 교회에 다녀야 구원을 받는가?
- 우리나라에 기독교가 들어오기 전에 예수님을 믿지 않고 죽은 사람은 지옥 갔나?
- 왜 좋은 사람들에게도 나쁜 일이 일어나는가?
- 종말은 어떻게 오는가?
- 천국과 지옥이 있는가?
- 인생은 예정되어 있는 것인가 아니면 우리에게 선택할 자유가 있는 것인가?
- 하나님은 나에게 무엇을 원하시는가?

③ 변증 훈련이 우리에게 가져다주는 유익은 다른 사람들에게 복음을 생명력 있게 나눌 수 있게 만든다는 점이다. 신앙의 내적 경험을 외적으로 표현하는데 걸림돌이었던 무지(無知)가 제

거되면서, 복음은 생명력 있는 능력으로 전달된다. 이는 마치 연주회에서 악보를 보면서 노래하는 사람과 악보를 외우고 관객들의 눈을 마주치면서 호소력 있게 노래하는 사람의 차이와 같다. 변증 훈련을 통해 생긴 자신감 넘치는 증거는 상대방에게 복음의 생명력을 전달하고, 거기에 자신을 노출하도록 감화력을 갖는 것이다. 변증 훈련 자체가 믿음의 능력을 나누게 하는 단계이기 때문이다.

<소그룹 변증 훈련에 도움이 되는 도서>

- 라원기. 기독교를 알아야 인생의 답이 보인다: 명쾌 상쾌 통쾌한 신개념 기독교 변증서. 서울: 예영커뮤니케이션, 2008.
- 속회연구원. 질문 있습니다: 청년 CM(소그룹) 교재. 서울: CMI, 2018.
- 정성욱. 티타임에 나누는 기독교 변증. 서울: 홍성사, 2004.
- 브라운 R.E.. 성서에 대한 101가지 질문과 응답. 박영식 옮김. 서울: 바오로딸, 2001.
- 크레이그 윌리엄 레인. 복음주의 변증학: 정교한 이성을 통하여. 오성민 옮김. 서울: 기독교문서선교회, 2020.
- 가이슬러 노문, 프랭크 튜렉. 진리의 기독교: 회의하는 그리스도인과 진리를 찾는 구도자를 위하여. 박규태 옮김. 서울: 좋은씨앗, 2023.
- 그로타이스 더글라스. 기독교 변증학: 성경적 믿음에 대한 포괄적인 주장. 구혜선 옮김. 서울:기독교문서선교회, 2015.
- 휘트니 도널드. 구원의 확신. 서울: 네비게이토 출판사, 2006.
- 재커라이어스 라비. 이성의 끝에서 믿음을 찾다. 손동민 옮김. 서울:에센티아, 2016.

- 재커라이어스 라비,노먼 가이슬러. 하나님을 누가 만들었을까? 기독교에 관한 100가지 까다로운 질문. 빈틈없는 대답. 박세혁 옮김. 서울:에센티아, 2013
- 존슨 티모시. 왜 나는 하나님을 믿는가? 의사이자 미국 ABC 방송 저널리스트인 티모시 존슨의 탁월한 변증. 김지홍 옮김. 서울: 토기장이, 2009.
- 맥그래스 알리스터. 포스트모던 시대. 어떻게 예수를 들려줄 것인가: 이야기의 힘을 활용한 내러티브 변증. 홍종락 옮김. 서울: 도서출판 두란노, 2020.
- 맥그래스 알리스터. 기독교 변증: 구도자들의 회의자들이 진리를 찾도록 어떻게 도울 것인가. 전의우 옮김. 서울: 국제제자훈련원, 2014.
- 맥그래스 알리스터. 신 없는 사람들: 우리 시대 무신론의 오만과 편견. 이철민 옮김. 서울: IVP. 2012.
- 맥도웰 조위. 청춘을 위한 기독교 변증. 오세원 옮김. 서울: 국제제자훈련원, 2012.
- 모어랜드 제임스,팀 뮬호프. 이렇게 답하라: 예화로 풀어보는 기독교 변증. 서울: 새물결플러스, 2009.
- 파웰 더그. 빠른 검색 기독교 변증. 이용중 옮김. 서울: 부흥과개혁사, 2007.
- 스트로벨 리. 예수 사건. 윤관희,박중렬 옮김. 서울: 도서출판 두란노, 2000.
- 스트로벨 리. 특종! 믿음사건. 윤종석 옮김. 서울: 도서출판 두란노, 2001.

09 소그룹 내 **갈등 해결**하기

신앙생활에서 나와 하나님과의 일대일 영적 관계와 더불어 그룹원들과의 관계성도 매우 중요하다. 신앙의 연륜과 상관없이 공동체 내에서 관계가 좋지 않으면 소그룹 모임이 재미없어진다. 그리고 가기도 싫어진다. 성경공부도 마찬가지다. 리더와 사이가 좋으면 그가 가르치는 데에 큰 은사가 없어도 사람들은 "참 은혜로워"하고 이야기한다. 하지만 관계가 좋지 않으면 리더가 아무리 성경을 잘 가르쳐도 "말만 잘해", "너나 잘해"하며 은혜를 받지 못하는 것을 경험하게 된다.

▶ 두 가지 측면의 관계

예수님은 "주 너의 하나님을 사랑하고 또한 네 이웃을 네 자신 같이 사랑하라"는 말씀을 지키는 것이 영생에 이르는 길이라고 하셨다(눅10:25-28). 이는 하나님이 모세를 통해 이스라엘 백성에게 주신 십계명과 같은 구조를 가지고 있는 말씀이다. 즉, 하나님의 백성인 이스라엘 백성들이 어떻게 살아야 하는지에 대한 말씀이다. 제1계명부터 제4계명까지는 하나님과의 관계에서 우리가 지켜야 할 자세이고, 제5계명부터 제10계명까지는 공동체 및 이웃에 대한 자세를 말씀해 주시고 있다. 나와 하나님과의 관계, 사람과 사람과의 관계 이 두 가지 모두가 중요함을 강조하신 것이다.

또 이와 같은 두 측면의 관계 영성은 신앙생활에서 절대 분리될 수 없는 것임을 예수님은 말씀하셨다. 하나님과 수직적인 측면의 영성만 강조하였던 바리새인들에게는 "안식일은 사람을 위해 있는 것이요(막2:27)"라고 말씀하시며 율법만 중시하고 이웃과 공동체를 돌아보지 않는 바리새인들을 책망하셨다. 요한일서 4장에서도 "우리가 서로 사랑하자 사랑은 하나님께 속한 것이니 사랑하는 자마다 하나님께로 나서 하나님을 알고(요일4:7)"라고 했고, "그 형제를 사랑치 않는 자가 보지 못하는 바 하나님을 사랑할 수가 없느니라(요일4:20)"고 말씀하시며 이웃과의 사랑의 관계가 하나님 사랑과 밀접하게 연관되어 있는 영성임을 말하고 있다.

그럼에도 불구하고 대다수의 소그룹 교재들이 성경공부와 기도 등 개인적 영성 훈련은 많이 다루지만 상대적으로 이웃 및 공동체와의 관계 영성 훈련에 관해서는 적게 다룬다. 사람과의 관계는 성격이나 취향에 따른 개인적인 일로 생각해서일지도 모른다. 그러다 보니 성경공부와 기도, 소그룹에서의 나눔을 통해 개인적 영성 측면에서는 어른처럼 성장하였지만, 타인과의 인격적 관계 영성 측면은 성장하지 못해 여전히 유아기 상태에 머물러 있는 경우를 흔히 보게 된다.

우리들이 매일 겪는 삶의 문제는 모두 공동체 혹은 인간관계와 연관되어 있다. 우리는 사는 날 동안에 어떤 모양으로든 공동체와 떼려야 뗄 수 없도록 만들어져 있다. 하나님이 우리를 사회적 존재로 창조하셨기 때문이다. 하나님이 사람을 창조하실 때 독처하는 그의 모습을 좋지 않게 여기셨다. 그래서 아담을 하와와 짝지어 주셨다. 공동체를 만들어 관계성을 가지고 살도록 하신 것이다. 창조의 법칙이 그러하기에 아무리 개인적인 영역에 홀로 머무르려 해도 사람과의 관계를 벗어나서 살 수 없는 것이다.

따라서 소그룹에서는 나와 하나님과의 일대일 영성 훈련뿐 아니라, 하나님 앞에서 이웃 및 공동체를 향한 관계 영성 역시 성숙하도록 함께 훈련해야 한다. 우리는 어떻게 소그룹에서 개인 영성과 관계 영성을 균형 있게 훈련할 수 있을까? 어떤 모델이 있는가?

▶ 70인 제자 양육 모델

예수님의 소그룹 공동체는 영적인 측면과 인격적인 측면의 훈련을 균형있게 이룬 모델이다. 예수님은 70인의 제자를 양육하실 때 개인의 영적인 성숙과 더불어 공동체 및 이웃 관계에서 인격적인 차원의 성숙을 함께 가르치셨다.

누가복음 9:28~10:20까지는 예수님의 제자 양육에 관한 대표적 본문 중 하나로, 예수님이 70인의 제자들을 양육하고 파송하고 지속해서 훈련하시는 부분이다. 구체적으로 예수님의 70인 제자화 과정을 보자.

첫 단계로 예수님은 제자들에게 영적인 경험을 먼저 하게 하셨다. 제자들은 예수님과 함께 산에 기도하러 올라갔다가 예수님의 용모가 변화되고, 옷이 희어지면서 광채가 나는 사건을 통해 예수님의 하나님 되심에 대한 영적인 경험을 하게 된다. 이튿날엔 산에서 내려와 아이에게 들린 귀신이 예수님의 말씀에 순종하여 쫓겨나가는 것을 보면서 예수님의 능력을 경험하게 된다. 이를 통해 제자들은 개인적 차원에서 예수님이 메시아라는 확신을 갖게 된다(눅9:28-45).

둘째 단계로 예수님은 공동체에서 인격적 영성 차원의 처신 문제를 가르치셨다(눅9:46-56). 예수님은 제자들을 준비 없이 파송하지 않으셨다. 제자들의 마음 가운데 숨어 있던 공동체 내에서의 우열의 문제, '누가 높고 낮은지'의 문제를 가르치고 훈련 시키셨다. "모든 사람 중에 가장 작은 이가 큰 자니라(눅9:48)." 더 나아가 공동체 내에서 자신의 뜻이 관철되지 않을 때 상대방에게 적대적 감정을 갖고 응분의 보복을 생각하는 제자들을 책망하셨다. "인자가 온 것은 사람의 생명을 멸하러 온 것이 아니라 생명을 구원하러 왔노라(눅9:55)." 또한 제자들에게 심방의 요령을 가르치시며, 파송되어 나갔을 때 제일 먼저 사람들에게 무엇을 이야기해야 하는지 알려 주셨다. "어느 집으로 들어가든지 먼저 말하되 이 집이 평안할 지어다 하라(눅10:5)."

셋째 단계로 예수님은 이들을 파송하셨다(눅10:1). 그 결과 제자들은 열매를 맺고 돌아왔다. "칠십인이 기뻐 돌아와 가로되 주여 주의 이름으로 귀신들도 우리에게 항복하더이다(눅10:17)."

넷째 단계로 예수님은 돌아온 제자들을 다시 교육하셨다. "귀신들이 너희에게 항복하는 것으로 기뻐하지 말고 너희 이름이 하늘에 기록된 것으로 기뻐하라(눅10:20)."

예수님은 제자들에게 개인적 차원에서의 놀라운 영적 경험을 하게 해주셨고, 공동체 및 이웃에 대한 인격적 훈련을 하신 후에 제자들을 파송했다. 그리고 제자들이 복음 선포의 결과를 가지고 돌아온 후에도 인격적 차원의 재교육까지 시키셨다.

만일 예수님이 제자들에게 인격적 차원의 영성을 가르치시지 않고 파송하셨다면, 제자들은 자신들을 통하여 이루어진 복음의 열매와 결과를 가지고 하나님께 영광을 돌리기보다는 공동체 내에서 자신의 실력과 능력을 자랑하며 우열을 다투었을 것이 분명하다. 그래서 예수님은 이들이 자리다툼의 문제에 직면

했을 때 어떻게 처신해야 할지, 서로의 관계에서 그 문제를 어떻게 다루어야 할지 구체적으로 가르쳐주신 것이다.

더 나아가 예수님은 제자들에게 자신을 반대하는 이들을 만났을 때 생기는 상처와 분한 감정의 처리방법, 그리고 만나는 이들을 향한 자세와 언어까지 가르치셨다. 그러했기에 제자들이 많은 열매를 가지고 기뻐하며 돌아올 수 있었다. 또 열매 뒤에 생길 수 있는 문제까지도 내다보시며 지속적인 관계적, 인격적 영성 교육을 하셨다.

이처럼 예수님의 70인 제자 양육은 개인의 영적인 경험과 더불어 사람들 사이에서 구체적으로 겪게 될 인격적 차원의 관계 영성을 가르치시고, 어떻게 그 문제를 다루어야 할지 훈련시키신 통전적(Wholeness) 영성 교육이었던 것이다.

이러한 예수님의 제자 양육 모습은 우리의 소그룹 안에서 이루어져야 하는 참된 교육 모델이다. 우리는 예수님의 신앙 교육으로 돌아가야 한다.

▶ 갈등 해결을 위한 지도

우리는 관계를 떠나서 살 수 없다. 우리의 영성 역시 우리 이웃과의 관계와 떼려야 뗄 수 없다. 아무리 개인적 영성이 성숙하다 할지라도 다른 사람과의 관계가 좋지 않을 때는 영성이 침체된다. 말씀과 찬양, 기도를 통해 은혜를 충만히 받아도 누군가와 관계가 어그러지면 그날 받은 은혜는 다시 사라지는 것을 우리는 쉽게 경험한다. 공동체에 보기 싫은 사람이 있으면 내 마음이 얼어붙게 된다. 그래서 관계성 문제의 바른 처리는 우리의 개인적 영적 성숙 차원에도 매우 중요한 부분인 것이다.

인격적 차원의 관계 영성을 훈련하기 위한 여러 가지 프로그램이 있지만, 빌 도나휴가 제시한 '갈등 해결을 위한 지도'*가 매우 큰 도움이 된다. 복잡한 세상 속에서 그리스도인이 어떻게 생각하고 어떻게 접근해서 문제를 해결해야 하는지 효과적으로 돕는 도구이다.

---

*「윌로우크릭 소그룹 이야기(도서출판 디모데,1997)」에는 이것을 '갈등 해소를 위한 중요한 성경 구절(150)' 이라고 번역하였다. 나는 이것을 '갈등 해결을 위한 지도'로 번역해 하나님의 말씀이 우리들의 갈등과 문제들에 구체적으로 어떻게 접근하고 해결하게 하는지에 초점을 두었다: Bill Donahue, Leading Life Changing Small Group, (Grand Rapids, Michigan: Zondervan Publishing House,1996, p.121).

💡 갈등 해결을 위한 지도

- 사랑 안에서 참된 것을 말하라. (엡4:15,25)
- 사람들의 감정을 바꾸려고 하지 말고 이해시키라. (롬 12:15; 고전12:26)
- 덕을 세우며 은혜롭게 행하라. (엡4:29-32)
- 진실된 감정을 표현하되 죄는 범하지 말라. (엡4:26-27)
- 개인적인 이견은 개인적으로 해결하라. (마18:15-17)
- 잘못한 것들의 기록을 보관하지 말라. (고전13:5)
- 말하기 전에 생각하라. (잠15:23,28)
- 욕을 욕으로 갚지 말라. (벧전3:8-9)
- 갈등 시 동기를 확인하라. (약4:1-2; 잠13:10)
- 인간관계에서 화평과 덕을 추구하라. (롬14:19)
- 쓸데없는 싸움은 피하라. (잠20:3; 딤후2:24)
- 자신의 유익뿐 아니라 그룹 지체들의 유익도 기억하라. (빌2:4)

▶ 개인적으로 갈등 해결 지도를 사용하는 법

1. 개인 관계에 문제가 생길 때 바로 행동하지 말고, 하루만이라도 시간을 벌라.

2. 갈등 해결 지도를 보라.

3. 갈등 해결 지도에서 성령님이 나에게 주시는 성경 구절 두 개를 선택하라.

4. (가족과 함께 할 경우 가족과 함께 나누고) 묵상하는 시간을 가지라.

5. 묵상 후엔 어떻게 문제를 접근해서 해결해야 할지 지혜를 구하는 기도를 하라.

6. 말씀에 순종하여 겸손하면서 담대하게 결단하고 실행하라.

▶ 소그룹에서 갈등 해결 지도를 사용하는 법

1. 그룹원에게 이 지도를 나누어 주라.

2. 갈등 해결 지도에서 우리 소그룹에 가장 필요하다고 생각하는 성경 구절 두 개를 성령의 인도하심을 따라 선택하라.

3. 선택한 이유를 소그룹에서 함께 나누고, 함께 묵상하고 기도하는 시간을 가지라. (소그룹이 매주 모일 때마다 갈등 해결 지도 성경 말씀 한 구절을 매주 돌아가면서 선택 하여 기도하는 것도 좋다.)

4. 그룹원들과 이를 실천하기 위한 약속을 하라. 그리고 다음

모임에서는 성경 말씀 구절대로 생활했는지 확인하고, 그 결과에 대해서 나누도록 하라.

▶ 적용 사례

시카고에 있을 때 만난 어떤 한인 소그룹 회원의 이야기다. 자녀가 초등학교 2학년 때 학교가 끝난 후 집으로 돌아와 편지 하나를 쑥 내밀었다. 담임선생님의 편지였다. 내용은 그날 아이가 학교에서 오줌을 싼 경위 설명이었다. 요약하면 세 가지 내용이었다. 첫째는 아이가 오전 휴식 시간(recess)에 화장실에 가고 싶다고 해서 "너 참을 수 있니?" 물어보았는데 아이가 "네"하고 대답한 후 참지 못해 오줌을 쌌다는 것. 둘째는 그때 120명의 학생들이 있었는데, 돌보는 교사가 자기 한 명밖에 없어서 참을 수 있냐고 물어봤다는 것. 셋째는 아이에게 여분의 바지가 없어서 속옷만 갈아입히고, 바지는 갈아입히지 못했다는 내용이었다.

편지를 다 읽은 후 엄마는 자녀에게 어떻게 된 일인지 물어보았다. 그런데 아이는 선생님이 참을 수 있냐고 물은 것이 아니라 "갈 수 없어"라고 했다는 것이다. 그리고 당시엔 다른 선생님 두 명이 더 있었다고 했다. 엄마는 선생님이 거짓말을 했음을 직감했다. 선생님의 거짓말에 화가 나기 시작했고, 점점 얼굴이 달아올랐다. 더욱이 그 가족의 화를 돋운 것은 다음 이야기였다. 속옷만 갈아입고 오줌 싼 바지를 갈아입지 않아 친구들이 "야키

(yucky, 우웩)"라고 놀렸다는 것이다. 이런 경우 짓궂은 친구들이라면 "○○는 오줌싸개"라고 놀려 자기 아이를 바보로 만들거나, 왕따로 만들 수 있는 충분한 상황이었다.

그날 밤 엄마와 아빠는 이 일을 어떻게 처리해야 할지 몰라 주변에 전화를 걸었다. 모두 하나같이 교장을 통해 담임선생님을 징계해야 하고, 아이는 반을 바꾸는 것이 좋겠다고 조언했다. 부부는 위기를 모면하기 위해 거짓말한 아이의 선생님에게 책임을 물어야 되겠다고 생각하고, 무슨 이야기를 구체적으로 할지 생각을 종이에 정리하기 시작했다. 그리고 다음 날 선생님에게 면담을 신청했다. 하지만 선생님의 선약으로 면담이 하루 미루어지게 되었다.

온종일 분한 마음으로 지냈는데 그날 밤 갑자기 엄마의 마음에 '갈등 해결을 위한 지도'가 떠올랐다. 책상에서 일어나 지도를 찾았고 천천히 읽어가기 시작했다. 그런데 두 가지 말씀이 마음에 걸렸다. 하나는 "인간관계에서 화평과 덕을 추구하라(롬14:19)"였고, 다른 하나는 "자신의 유익뿐 아니라 그룹 지체들의 유익도 기억하라(빌2:4)"였다. 이 상황에서 어떻게 그럴 수 있을까? 화평도 덕도, 그리고 아이의 유익과 선생님의 유익도? 다르게 이야기하면 아이도 살리고 선생님도 살리라는 말씀인데 이 말씀이 가능한가? 너무 고민이 되었다. 좀처럼 생각해도 해결이 없었다. 다음 날 아침 남편에게 마음의 부담감을 털어놓았다. 남편도 그

지도를 보고 어떻게 하면 좋을지 생각해봤지만 마땅한 아이디어가 떠오르지 않았다.

그날 오후 선생님과의 면담이 시작되었다. 먼저 편지를 써서 보내주어서 고맙고, 아이가 오줌을 싸서 놀랐다고 이야기를 꺼냈다. 그리고는 네 가지를 이야기했다. 첫째는 문화적 차이였다. 한국 문화에서는 선생님을 하늘처럼 존경하기 때문에 가능한 선생님 말씀에 순종하려는 아이의 태도에 관해 이야기했다. 아마 아이가 선생님이 "참을 수 있니?"라고 물어보았을 때 참아 보려고 노력했을 것이라고 설명을 해주었다. 그러니 앞으로는 아이에게 꼭 두세 번은 "너 정말 참을 수 있어?"하고 물어봐 달라고 부탁했다. 선생님은 '안 돼'라고 했던 거짓말 때문인지 얼굴이 붉어졌다.

그리고는 120명을 혼자서 보고 있었다는 선생님의 말에 대해 "혼자서 120명을 보시니 얼마나 힘드시겠어요"하면서 '혼자'라는 단어를 강조했다. 그리고는 "제가 자원봉사자로 아이들의 안전을 돌보는 일을 도울 수 있으니 언제든지 연락 주세요"라고 하자 당황해하는 빛이 역력했다. 이어서 아이가 오줌을 싼 후 속옷만 갈아입고 바지를 갈아입지 못한 것에 대해 "우리가 실수했어요. 여분의 옷이 학교에 있는 줄 알았어요"라고 이야기하고는 "집이 가까우니 그런 경우는 꼭 긴급히 연락을 달라"고 부탁했다. 마지막으로 아이에게 친구들 중 누군가가 "야키(yucky)"라고 놀린 것에 대해 이야기하면서 아이의 학교 적응과 친구들의 놀림에 대한 선생님의 각별한 관심을 부탁하였다. 면담 시간 내내 선생님은 매우 미안해하는 태도를 보였다. 아마 부모가 그 사건을 어떻게 접근하고 다루고 있는지 충분히 이해하는 것 같았다.

몇 주 후 선생님은 아이의 기분과 교실 안에서의 아이 위상을 띄워 주기 위해서 아이를 '주간의 스타'로 선정했고, 친구들의 긍정적 관심 속에서 아이의 장점과 한국 문화 등을 전시하여 신나는 2학년 생활을 보내게 해주었다.

그렇다. '갈등 해결을 위한 지도'는 분노의 감정과 자녀의 문제까지도 그리스도인으로서 어떻게 다루어야 하는지 알려주는, 화를 복으로 변화시키는 능력의 도구이다. 말씀대로 문제를 다루었을 때 하나님과의 개인적 차원의 영성뿐 아니라 관계 영성까지도 더욱 성숙하게 만드는 것이다. 개인의 영적인 성숙은 내가 그리스도인으로서 갈등을 어떻게 다룰 것인가에 달려 있다고 해도 과언이 아니다.

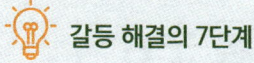 **갈등 해결의 7단계**

1. 갈등의 문제가 더 커지기 전 작을 때 해결하라.
2. 관계된 사항만 문제로 다루고 인격적인 부분으로 연결시키지 말라.
3. 문제를 다룰 때 주위 사람들의 관심과 느낌도 생각하라.
4. 사실에 초점을 두라. 소문이나 다른 사람들의 견해에 초점을 두지 말라.
5. 상대방에 대한 신뢰와 친절한 태도를 지키도록 노력하라.
6. 여러 문제를 한 번에 다루지 말고 하나씩 해결하도록 하라.
7. 모두가 한 몸임을 기억하면서 문제를 다루는 모임을 기도로 시작하라.

10 소그룹 **수양회**

　건강한 소그룹을 만드는 것은 모든 소그룹 리더의 핵심적인 관심사항이다. 소그룹이 잘 성장하면 리더에게 이보다 더 기쁜 일은 없다. 성경공부를 준비하면서도 기쁘고, 중보 기도하면서도 기쁘다. 자신의 물질을 나누면서도 기쁘다. 섬기는 소그룹이 잘 자라나면 리더는 내적으로 자신감도 생긴다. 교회의 다른 사역들도 감당할 용기가 생긴다. 사역도 창조적으로 더 많이 하게 된다.

　이와는 반대로 섬기는 소그룹의 역동성이 줄어들고 잘 자라지 않으면, 리더는 육적으로 지치고 내적으로도 침체기가 찾아온다. 다음 주 모임이 어떻게 될지 염려가 앞서고, 준비하는 것도 부담스럽다. 자신감도 점점 잃어간다. 그런 가운데서 새가족이 한 명이라도 더 참여하게 되었다든지, 아니면 기존의 그룹원이 믿음의 뿌리를 잘 내리고 자라나는 것을 보게 되면 리더는 다시 회복되고 섬김의 기쁨과 보람을 되찾게 된다. 왜 그럴까? 소그룹의 건강이 리더의 주된 관심사이기 때문이다. 그런 면에서 신앙

공동체의 리더는 그룹원들을 영적으로 건강하도록 돕는 사람(a spiritual care-giver)이라 할 수 있다.

▲ 건강한 소그룹 창조방법 : 조화와 공급

그러면 건강한 소그룹을 어떻게 창조할 수 있을까? 기본적으로 이것은 조화와 공급에 의해 이루어진다. 조화의 측면에서 건강한 소그룹의 영적 분위기는 '믿음+지식+생활'의 균형이 잘 조율되어 있다. 우리가 어떤 사람의 건강 상태를 이야기할 때 흔히 쓰는 기준 중 하나가 건강한 육체와 마음 그리고 생활의 조화이다. 마찬가지로 그룹원들이 세 가지 항목의 균형을 얼마나 잘 지니고 있는가 점검해야 한다. 이것은 그룹원들이 하나님을 믿는 것과 아는 것 그리고 믿음과 앎을 얼마나 공동체의 삶 가운데 구체적으로 적용하고 있는가를 보는 것이다.

그런데 이러한 소그룹 구성원들의 믿음과 지식 그리고 생활화의 조화와 균형은 무엇보다도 리더의 영적 영양분의 충분한 공급과 밀접한 관계가 있다. 육체적 건강을 위해서는 영양분과 수분이 균형 있게 공급되는 것이 중요한 것처럼, 건강한 소그룹의 영적 분위기 창출을 위해서는 리더의 충분한 영적 영양공급이 필수적이다. 그러기에 리더는 믿음을 성숙시키는 영적 차원의 커리큘럼, 믿음을 체계화시키는 지식 차원의 커리큘럼, 개인의 삶과 공동체 가운데 적용시킬 수 있는 생활 커리큘럼을 균형 있게 공급해야 한다. 이를 통해서 그룹원들은 영적 영양을 골고루 섭취하며 건강한 믿음의 사람으로 성장하게 되는 것이다.

▶ 공급의 어려운 현실: 시간의 제한

리더들마다 믿음의 적절한 조화와 능력 공급을 위해 소그룹에 많은 시간과 물질을 헌신하며 노력한다. 하지만 문제는 시간의 제한이다. 일주일에 한 번 밖에 모이지 않고 급한 일로 한 번 빠지게 되면 2주일에 한 번 만나는 짧은 시간을 통해서는 조화와 공급이 잘 이루어질 수 없다. 그러다 보니 리더가 이끄는 소그룹의 방향도 성경공부 중심이냐 사역 중심이냐 혹은 친교 중심이냐 등 어느 한쪽으로 치우칠 수밖에 없게 된다. 공급 부분에서도 마찬가지다. 개인 영성 측면 그리고 대인 관계적인 측면, 공동체를 위한 헌신의 측면 등 다양한 영적 영양분이 공급되어야 하는데, 주로 영적인 측면(개인 기도와 성경공부)의 공급에 한정되는 경우가 많다.

영적 영양 공급 결핍의 현상은 단시간에 병으로 나타나지는 않지만, 장기적인 차원에서 본다면 그룹원들로 하여금 영향력 없는 무능한 그리스도인 병에 걸리게 한다. 일명 종교인이라 부르는 생명력 없는 형식상의 그리스도인이 되는 것이다. 이러한 소그룹의 영양 결핍 현상에 대해 리더는 의도적인 영양 보충 계획을 마련해야 하는데, 아주 좋은 방법이 소그룹 수양회다.

▶ 소그룹 수양회의 중요성

소그룹 수양회는 그룹원들의 영적 영양 결핍 현상을 짧은 시간 안에 어느 정도 회복시킬 수 있는 강력한 비타민이다. 하지만 많은 리더들이 소그룹 수양회를 잘 이용하지 못한다. 소그룹이기 때문에 수양회 자체를 생각 못 하는 것이다. 그래서 소그룹 모임을 1년 내내 교회나 가정에서의 반복되는 모임으로 끝내는 경우가 많다.

소그룹 수양회를 잘 이용하라. 소그룹 수양회를 잘 이용하면 필요한 영적 영양을 그룹원들에게 공급할 수 있을 뿐 아니라, 기대했던 것보다도 더 많은 것들이 소그룹 가운데 공급되어 기대 이상의 역동적인 소그룹 운영의 결과를 가져오게 된다.

▦ 소그룹 수양회의 5가지 장점

1. 그룹원들이 소속감을 갖게 된다. (소속감)
2. 그룹원들과 함께 있는 것을 좋아하게 된다. (관계 회복과 연대성)
3. 그룹원들과 함께 있기를 기대한다. (심리적 안정감)
4. 소그룹 모임에 책임감 있게 참여하려 노력한다. (책임감)
5. 자기 소그룹에 대해 자부심을 가지게 된다. (자부심)

평상시 소그룹에서는 성경공부와 기도를 통한 영적인 공급이 주로 이루어졌다면, 소그룹 수양회는 그룹원들에게 심리적이고 인격적이며 관계적인 측면의 영적 비타민을 공급한다. 소그룹 수양회는 그룹원들로 하여금 서로에 대해 마음을 열게 하여 그룹원들 간의 겉돌던 관계성을 부순다. 더 나아가 함께 섬기고 희생하고 배려하는 가운데 공동체의 친근감을 경험하게 되면서 소그룹에 대한 중요성과 책임감을 가지게 된다. 서로가 자신을 충분하게 표현하게 되면서 이전에 단절되었던 관계가 회복이 되고 서로를 이해할 수 있게 되며, 또 오해까지도 풀리게 된다.

또한 소그룹 수양회는 그룹원들에게 영적인 믿음과 앎의 차원에서 재생산 능력을 강화시켜 준다. 평상시 짧은 소그룹 모임에서는 주로 성경공부와 말씀의 은혜를 나누는 차원에서 멈추게 된다. 제한된 시간에서 성경에 대한 이론과 실제를 체계적으로 훈련하기는 쉽지 않다. 물론 어떤 면에서는 리더가 성경을 깊이 가르칠 수 있는 능력이 부족하다든지, 효과적인 교수법을 공급하기가 쉽지 않아서 일수도 있다. 그래서 소그룹 수양회는 교회의 목회자를 초청하거나 강사를 초빙하여 리더 자신과 그룹원들의 영적 재생산을 위해 그동안 부족하였던 별도의 커리큘럼을 공급받을 좋은 기회인 것이다.

▶ 희생과 헌신의 훈련장

소그룹 수양회는 그룹원들에게 헌신의 훈련 기회를 제공한다. 최근의 수어로 헌신이라는 단어는 몸을 하나님께 드리는 것으로 표현하고 있으나, 이전에는 목숨을 하나님께 드린다는 것으로 표현했다. 희생해본 만큼 헌신하는 것이다. 희생해보지 않고 삶을 드리는 헌신은 불가능하다. 훈련이 되어있지 않기 때문이다. 능력 있고 영향력 있는 그리스도인은 훈련을 통하여 양육된다.

희생 훈련이 안 된 사람이 성장하기 어려운 이유가 여기에 있다. 많이 배워도 대가를 지불하지 않는 믿음은 결국 무기력하다. 그런 점에서 소그룹 수양회는 공동체와 개인적 차원에서 섬김의 훈련을 제공하며, 받기만 좋아하던 신앙인의 모습에서 행동하고 일하는 그리스도인으로의 전환을 일으키는 출발점이 된다.

▶ 소그룹 수양회 운영 전략 및 주의할 점

1. 최소한 2개월 전에 그룹원들과 함께 의논해 가능한 날짜를 확정하라.

2. 1년에 2~3회 정기적으로 실시하라.

3. 가능하면 외부로 나가라. 모임 환경의 변화도 중요하다.

4. 상위 조직의 리더와 의논하고, 교회 목회자에게 강사 지원을 부탁하라.

5. 키 리더를 정하라.

6. 수양회 준비를 위해 각 그룹원에게 작은 것이라도 책임을 맡기라.

7. 모일 때마다 기도로 준비하라.

8. 미리 회비를 정하라.

9. 즐겁게 진행하라.

10. 많이 사랑하고 섬기는 시간이 되도록 훈련하라.

One day 소그룹 수양회 프로그램 예시

시간	프로그램	세부내용
9:00(40')	개회	찬양 및 기도
9:40(60')	세미나 1	왜 복음을 전해야 하나요? (세미나: 30분/ 워크숍: 15분/ 질문: 10분/ 마무리: 5분)
10:40(20')	휴식	
11:00(60')	세미나 2	어떻게 복음을 전해야 하나요? (세미나: 30분/ 워크숍: 15분/ 질문: 10분/ 마무리: 5분)
12:00(60')	점심 식사	
13:00(120')	공동체 활동	함께 걷기, 미니 운동회, 성경 골든벨 등
15:00(60')	세미나 3	일대일(one to one) 상담 방법 (세미나: 30분/ 워크숍: 15분/ 질문: 10분/ 마무리: 5분)
16:00(20')	휴식	
16:20(60')	세미나 4	소그룹의 중요성 및 소그룹 활성화 방법 (세미나: 30분/ 워크숍 15분/ 질문: 10분/ 마무리: 5분)
17:20(20')	폐회	기도회 및 소감 발표

*기타 세미나 주제: 귀납적 성경 묵상 방법, 성경 개론, 큐티 나눔 방법 등

소그룹 연구에 도움이 되는 도서

<국내서>

- 김동환. 목사 웨슬리에게 속회를 묻다: 속회 운영의 이론과 실제. 서울: KMC, 2020.
- 김득중. 새로읽는 신약성경 (CMI 지도자훈련 성경 2). 서울: CMI, 2016.
- 김철한. 능력있는 속장 세우기 (CMI 지도자훈련 기본 3). 서울: CMI, 2016.
- 김철한. 교회 속장 세우기. 서울: KMC, 2010.
- 김철한. 성경? 성경, 성경! (CMI 지도자훈련 성경 1). 서울: CMI, 2015.
- 김철한 김인종, 장이규, 지성업, 최문기 공저. 소그룹, 회복과 부흥. 서울: 하늘공작소. 2009.
- 리 케빈. 온라인 사역을 부탁해: 올라인 예배에서 소그룹 양육까지. 서울: 두란노, 2021.
- 박동찬. 살아있는 속회 만들기 (CMI 지도자훈련 기본 2). 서울: CMI, 2015.
- 박동찬. 성장을 위한 교회생활 (CMI 지도자훈련 기본 1). 서울: CMI, 2015.
- 박용호. 존 웨슬리의 속회론. 서울: KMC, 2008.
- 박용호. 속회CM 내비게이션. 서울: KMC, 2010.
- 박춘희. 교회안의 작은 교회 속회: 존 웨슬리 때로부터 시작된 전통. 서울: 웨슬리출판사, 2020.
- 속회연구원. 소그룹, 속회를 주목하라. 서울: 하늘공작소, 2010.
- 속회연구원. 속회개론: 속회 알고 계십니까?. 서울: CMI, 2021.
- 속회연구원. 소그룹, 속회이야기 1. 서울: CMI, 2015.
- 속회연구원. 질문 있습니다 (청년 속회 CM 교재). 서울: CMI, 2018.
- 왕대일. 새로읽는 구약성경 (CMI 지도자훈련 성경 3). 서울: CMI, 2018.

- 이광수. 소그룹이 살아야 교회가 건강해진다: 소그룹 목회의 이론과 실제. 서울: 한국학술정보, 2010.
- 이상화. New 아이스브레이크 모음집. 서울: 소그룹하우스, 2018.
- 정재영. 소그룹의 사회학: 현대 사회에서의 교회 소그룹의 사회학적 의미. 서울: 한들출판사, 2010.
- 조이현. 야곱의 인생: 그리스도인 심리학자와 떠나는 소그룹 치유여행. 서울: 북타임, 2022.
- 채이석. 소그룹의 역사. 서울: 소그룹하우스, 2010.
- 채이석, 이상화. 건강한 소그룹사역 어떻게 할 것인가. 서울:소그룹하우스, 2018.
- 한상호. 직고를 통한 소그룹 부흥: 서로 책임지는 공동체. 서울: 생명의 말씀사, 2004.

<번역서>

- 글레이든 스티븐. 목적이 이끄는 소그룹: 건강하게 성장하는 교회. 김소희 옮김. 서울: NCD, 2014.
- 도나휴 빌. (삶을 변화시키는) 소그룹 리더 코칭. 김용환 옮김. 서울: 국제제자훈련원, 2008.
- 도나휴 빌,러스 로빈슨 공저. 소그룹 중심의 교회를 세우라. 오태균 옮김. 서울: 도서출판국제제자훈련원, 2004.
- 도나휴 빌, 소그룹 중심의 교회를 세우라. 오태균 옮김. 서울: 국제제자훈련원, 2004.
- 레이너 S. 톰. 살아나는 교회. 김태곤 옮김. 서울: 아가페출판사, 2021.
- 스탠리 앤디&빌 윌릿. 소그룹으로 변화되는 역동적인 교회: 노스포인트 교회의 성장 비결. 이중순 옮김. 서울: 디모데, 2006.
- 아이스노글 개러쓰 W.. 성경적 기초 (소그룹 사역을 위한). 김선일 옮김. 서울: SFC, 2007.

- 얼리 데이브. 성공하는 소그룹 리더의 8가지 습관. 유정희 옮김. 서울: 도서출판 NCD, 2012.
- 코미스키 조엘 외. 소그룹이 희망이다: 우리교회 소그룹이 변화되는 8가지 방법. 주지현 옮김. 서울: NCD, 2011.
- 코미스키 조엘. 탁월한 소그룹 리더의 7가지 습관. 편집부 옮김. 서울: NCD, 2012.
- 코미스키 조엘. (사람들이 몰려오는) 소그룹 인도법. 서울: NCD, 2010.
- 코미스키 조엘. 소그룹을 살리는 리더, 코치: 탁월한 소그룹 리더 양육법. 김선화 옮김. 서울: 도서출판 NCD, 2009.
- 클라우드 핸리. 성장하는 소그룹의 비밀 55가지. 윤종석 옮김. 서울: 좋은씨앗, 2004.
- 투르딩거 론. 가정 소그룹 모임: 교회성장을 위한 하나님의 전략. 장동수 옮김. 서울: CLC(기독교문서선교회), 2016.
- 풀 게리. 구도자를 위한 소그룹. 서진희 옮김. 서울: 국제제자훈련원, 2007.
- 프라일링 엘리스. 소그룹 영성훈련: 영혼의 사귐을 통한 영성지도. 최효은 옮김. 서울: IVP, 2014.
- 핸더슨 마이클 D. 존 웨슬리의 소그룹 사역을 통한 제자 만들기. 이혜림 옮김. 서울: 서로사랑, 2011.

<국외서>

- Icenogle, Gareth Weldon. Biblical Foundations for Small Group Ministry: An Integratioal Approach. Downers Grove, IL: Intervarsity Press, 1994.
- Mcbride, Neal F. How to Build a Small Groups Ministry. Colorado: Navpress, 1995.
- Miller, Herb. Leadership Is The Key: Unlocking Your Ministry Effectiveness. Nashville: Abingdon Press, 1997.
- Leech, Kenneth. Spirituality and Pastoral Care. Cambridge, Massachusetts:

Cowley Publications, 1989.
- Mallory, Sue. The Equipping Church: Serving Together to Transform Lives. Grand Rapids, Michigan: Zondervan, 2001.
- Mittelbreg, Mark. Building Contagious Church: Revolutionizing the Way We View and do Evangelism. Grand Rapids, Michigan: Zondervan, 2000.
- Nelson Allen E.. Leading Your Ministry: Developing the Mind of a Priest and the Soul of a Prophet. Nashville: Abingdon Press, 1996.
- Poole, Garry. Seeker Small Groups: Engaging Spiritual Seekers in Lige-Changing Discussions. Grand Rapids, Michigan: Zondervan, 2003.
- Randle Gilbert R. Leading Change in the Congregation: Spiritual and Organizational Tools for Leaders. An Alban Institute Publication, 1998.
- Sanders, J. Oswald. Spiritual Leadership: Principles of Excellence for Every Believer. Chicago: Moody Press, 1994.
- Shawchuck, Norman & Gustave Rath. Benchmarks of Quality in the Church: 21 Ways to Continuously Improve the Content of Your Ministry. Nashville: Abingdon Press, 1994.
- West, Edie. The Big Book of Icebreakers. NY: McGraw-Hill, 1999.